100

Fælles

Dansk-Persiske

Ordsprog

SADAF ABEDIAN K.

ISBN-10: 1500738263
ISBN-13: 978-1500738266

TAK

Abedian Kasgari, Sadaf, 1987(1365) sadaf.abedian@gmail.com

100 ضرب‌المثل مشترک دانمارکی-فارسی

100 Fælles Dansk-Persiske Ordsprog

CreateSpace - Et Amazon Selskab, 2015(1393),

Redigeret af: Ali Akbar Abedian Kasgari, abediany@gmail.com

ISBN-10: 1500738263

ISBN-13: 978-1500738266

100 Fælles Dansk-Persiske Ordsprog

Forfatter:

Sadaf Abedian K.

CreateSpace, Charleston SC

Udgivet af:
Amazon

Forord

Konstruktion af mundheld er solidt rodfæstet i det Persiske sprog. Der er ligeledes en lang tradition for skabelsen af korte historier i det Persiske sprog. Et af vidunderne det Persiske sprog er evnen til at skabe subtile udsagn ved brug af forskellige temaer i det Persiske sprog. Selv nogle af de Persiske noveller har fundet sin vej ind i andre sprog som ordsprog.

Orientalist, filosof i det nittende århundrede, Ralph Emerson skrev i forordet til Saadi Golestan oversættelse: "Oprindelsen af de fleste historier og ordsprog, som vi bruger i Vesten [*Vestlige Lande*], og vi relatere dem til de nye forfattere, er nedarves fra Saadi' til os.

Iranere har siden oldtiden givet opmærksomhed til indretning af ordene. På grund af den brug af ordsprog i det Persiske sprog, har de Iranske litterater forsøgt på at indsamle de Persiske ordsprog siden sjette Hijri århundrede. *Rashid al Vatvat* er den første Iranske lærde, der indledte dette arbejde og lavede indsamlingen af ordsprog i bogen "*Latayefalamsal og Tarayfalaqval*".

Et af de vigtigste nyere værker i adages og ordsprog indsamling, er den omfattende fire-binds samling af den Iransk lærd *Dehkhoda* der består af en samling af omkring halvtreds tusind mundheld og ordsprog, der blev offentliggjort i 1932 i Teheran. Dette mesterværk er det primære referencegrundlag for "*100 Fælles Dansk-Persisk Ordsprogene*".

Denne bog er forberedt til folk, der kender både det Danske og det Persiske sprog. Og for en bedre forståelse af de Persiske ordsprogene, Persisk poesi og noveller fra det dyrebare Persiske litteratur 1000 år tilbage op til samtidslitteratur bliver brugt.

Jeg håber, at forskere og lærde af det Dansk sprog og det Persisk sprog vil hilser "*100 Fælles Dansk-Persisk Ordsprogene*".

Indeks

Adam fik en Hak, og Eva fik en Rok, Deraf er al vor Adels-Flok.	Side 1
Af god begyndelse haabes en god endelse.	Side 2
Af to onde Kaar skal man vaelge det bedste.	Side 3
Alderdom beskytter ikke mod dårskab.	Side 5
Alle Baader hioelpe.	Side 6
Anden Tid, giver andet Folk.	Side 7
Armod og Kiarlighed ere onde at dölge.	Side 8
Bange hjarte vandt aldrig fager mö.	Side 9
Bedre halvt bröd end Alt mist.	Side10
Bedre sent end aldrig.	Side11
Beder gud dig drage, han får dig vel reb, beder han dig ride.	Side12
Betre er boie end briste.	Side14
Bedre een Fugl i Haanden end to paa Taget.	Side15
Blodet er aldrig saa tyndt, at det jo er tykkere end Vand.	Side16
Broendt Barn roedes gierne Ilden.	Side17
Börn er vis sorg, men uvis gläede.	Side19
Da naar enden er god, er alting godt.	Side20
Den der jager to Harer af een busk, faaer sieden nogen af dem.	Side22
Den där ventär på död mands skoe, går länge barfodet.	Side24
Den ene Ravn hugger ikke uinene ud paa deu anden.	Side25
Den ene torden fordriver den anden.	Side26
Den forste Fugl fanger det forste Korn.	Side27
Den hund som bieffer meget, han bider ikkun lidet.	Side28
Den Steen der ofte flyttes, bliver ikke mossegroet.	Side29

Den veed bedst hvor Skoen trykker, som har den pas.	Side30
Det bedste er det godste fiende.	Side31
Det er en slem Fugl som besmitter sin egen Rede.	Side33
Det er ei alt guld som glimrer som guld.	Side34
Det er bedre, at være ene, end at have en ond stallbroder.	Side36
Det er en slem Fugl som besmitter sin egen Rede.	Side38
Det mål, I måler med, med skal I self få tilmålt.	Side40
Det stille Vand Har den dybe grund.	Side42
Du har nok af Munden, Og lidt af Ulden.	Side43
Du skal kravle, før du kan gå.	Side44
Du skal nog få kärligheden at föle.	Side45
Eder og aeg är snart brudne.	Side46
Een skalk ska man fange med en anden.	Side47
Een Svale gør ingen Sommer.	Side49
En Bonde bliver Bonde, sov ban end paa silke bolster.	Side50
En hest snubler, og har dog fire ben.	Side51
Enhver er sin egen lykkes smed.	Side52
En rig Bonde Kjender ikke sine Slaegtninge.	Side53
En Skilling er i Tide saa god som en Daler.	Side54
Ethvert kart må stå på sin egen bund.	Side55
Freden foder, Krigen oder.	Side57
Gamle Fugle fanger man ikke med Avner.	Side59
Gerrighed er sin egen stedmoder.	Side60
Giv skalken et spand, han tager vel heel alen.	Side61
Gud giver alle dem mad, som han giver mund.	Side62

Gud kommer tilsidt, naar vi troe han er laengst borte.	Side64
Han skal have fingre af jern, som fanden vil flaae.	Side65
Haver jeg Penning i mijn Pung.	Side66
Hunden gör og ad maanen.	Side67
Hver mand sin lyst.	Side68
Hvo der omgaaes med Ulv, han Igerer at tude.	Side69
Hvo der vil honning slikke, må ikke ræddes for bier.	Side70
I rørt vand er godt at fiske.	Side71
Ikke kan få øje på skoven for bare træer.	Side72
Ikke smide barnet ud med badevandet.	Side73
Ingen er mere döv end den som ikke vill höre.	Side75
Intet svar er også svar.	Side76
Jo flere kokke, jo værre såd.	Side77
Krage söger vel sin mage.	Side78
Läge, hjälp dig selv!	Side79
Langt fra Oine, snart af Sinde.	Side81
List overwinder raad og styrke.	Side83
Man fanger flere Fluer med en Draabo Honing end med en Tünde eddike.	Side84
Man giør ei godt jagthorn of en svinehale.	Side86
Man kan vel forstaae halvgvaedet vise og halysvarede ord.	Side87
Man må gøre en dyd af nødvendighed.	Side88
Man må hyle med de ulve man er i blandt.	Side89
Man skal ei skue given Hest i Munden.	Side90
Man skal smede mens jernet er varmt.	Side91
Mange hug faelder egen.	Side92

Medens græsset gror, døer horsemoer.	Side93
Mennesket agter, men Gud skifter.	Side94
Nöd kommer gammel Kierling til at trave.	Side95
Nok er en stor rigdom.	Side96
Nye koste feje bedst.	Side97
Ofte er Ulvesind under Faareskind.	Side99
Ord slår ikke någon ihjäl.	Side100
Pels ikke bjørnen før den er skudt.	Side101
Pris en skön dag om aftenen.	Side102
Säg mig Hven du omgaaes med, og jeg skal sige dig Hvem du er.	Side103
Sätte alt på eet kort.	Side104
Smedens hest og skomagerens kone har altid de dårligaste sko.	Side105
Söde Ord fylde kun lidt i sakken.	Side106
Som man reder till, saa ligger man.	Side107
Som moderen er, så er datteren.	Side109
Sønen slægter gjerne faderen på.	Side110
Stille vand har den dybe grunde.	Side111
Store ord gör själdent from gerning.	Side112
Syn gaaer altid for sagn.	Side113
Tid, ebbe og flod venter ikke på nogen.	Side114
Tid er penger.	Side115
To Hauer due ikke paa een Medding.	Side116
Tomme Tønder buldre mest.	Side117
Veien til helvete er brolagt med gode forsetter.	Side118
Æblet falder ikke langt fra stammen.	Side119
Ærlighed varer længst.	Side120

Liste over Sider

Danske-Persisk Ordsprogene	Sider 1 ~120
Persiske Kilder	Sider 123~128
Ikke-Persiske Kilder	Sider 131~135

Adam fik en Hak, og Eva fik en Rok, Deraf er al vor Adels-Flok.

از دماغ فیل افتاده

تکبّر عزازیل را خوار کرد

کبر زشت و از گدایان زشت‌تر
روز سرد و برف و آنگه جامه تر
مولوی

* عبارتی که جان بال *J. Ball* در سال 1381 میلادی در جریان انقلاب دهقانان انگلستان از کتاب مذهبی بر زبان راند، بزودی به‌صورت ضرب‌المثل معروفی در دهه‌های پایانی سده چهاردهم میلادی در آمد و به برخی زبان‌های اروپایی راه یافت. این کشیش انقلابی که همه مورخین بر نقش برجسته وی در انقلاب دهقانان تاکید کرده‌اند، با ادای این عبارت پسندیدگی مساوات انسان‌ها و قباحت سرسپردگی برخی دهاقین به اربابانشان، مفهومی شبیه به ضرب‌المثل را مد نظر داشته است.

در چاپ دهم کتاب "جمــلات قصار" اثر بارلت *J. Barlett* که در سال 1919 چاپ شده است، عبــارت مشهــور بال "*Jack is as good as his master*" به‌شکل عبــارت /*When Adam dolve, and Eve span*,/ *Who was then the gentleman?* ثبت شده است. دابسن *R.B.Dobson* نیز در کتابی که در سال1970 در مورد انقلاب سال 1381میلادی منتشر نمود عبارت بال را به‌شکل زیر به‌کار برده است:

When Adam dalft and Eve span,/ Who was thanne a gentilman.
R.B.Dobson 'The Peasants revolt of 1381' Pitman, Bath, 1970: pp 373-375.

لطائف‌الطوائف

مولانا شیخ حسین[1] در زمان سلطان ابوسعید میرزا محتسب به استقلال بود، چنانکه میرزا گفته بود که مولانا شریک ملک منست، روزی گبری را مسلمان ساخته بود و دستار خود بر سر او نهاده، و از خزانه میرزا برای او جامه گرفته بود و سوار کرده، با دهل و نقاره و سورنای و کرنای گرد بازارها برمی‌آورد، پیش ایشان (نورالدین عبدالرحمن جامی) گفتند که مولانا امروز گبری را مسلمان ساخته و دستار خود بر سر او نهاده، ایشان گفتند: مولانا شصت سالست که دستار بر سر گبری مینهد. حبیب السیر -جلد چهارم-

---

[1] مولانا کمال‌الدین شیخ حسین مردی دانشمند بود و از آغاز تا انجام دوره ابوسعید منصب احتساب داشت و پس از وی نیز چندی محتسب سلطان حسین میرزا بود و در 888 درگذشت.

Af god begyndelse haabes en god endelse.

قدم صحیح اوّل یعنی انجام نیمی از کار

شروع خوب ختم بخیر می‌شود

رنجش از سودا و از صفرا نبود
بوی هر هیزم پدید آید ز دود
مولوی

کشکول شیخ بهائی

بادیه‌نشینی بر سفره خلیفه‌ای حاضر بود و پالوده می‌خورد. کسی او را گفت: ای فلان! هر که از این بخورد که سیر شود می‌میرد. اعرابی ساعتی دست بازداشت. سپس پنج انگشتی خوردن گرفت و گفت: سفارش نیك مرا به همسرم برسانید!

Af to onde Kaar skal man vaelge det bedste.

از میان بد و بدتر، بد را انتخاب کن تا از چاه به چاله نیفتی

از چنگ دزد در آمد، به چنگ رمالّ افتاد

در خم زلف تو آویخت دل از چاه زنخ
آه کز چاه برون آمد و در دام افتاد
خواجه حافظ

* عبارت یونانی *[χατά τὸν δεύτεοον, φασί πλοϋν τά έλάχιστα ληπτέον τών χαχών]* با مضمون "گفته شده است: بهتر است از میان بد و بدتر، بد را انتخاب کنیم" ریشه ضرب‌المثل می‌باشد که ارسطو در رساله‌اش آورده است. *ARISTOTLE Nicomachean Ethics II. ix. 1109a*

ریشه‌های تاریخی امثال و حکم

از ترس عقرب جراره به مار غاشیه پناه می برد - لغت غاشیه اصولا به معنی زین‌پوش اسب آمده که چون از اسب سواری پیاده شوند بر زین اسب می‌پوشانند ... ولی در عبارت مثلی بالا به استناد این آیه شریفه "هل اتیک حدیث الغاشیه[2]" از سوره 88 قرآن مجید، معانی آتش و آتش دوزخ و به عبارت اخری قیامت و رستاخیز از آن افاده می‌شود و با این تعریف و توصیف چنین نتیجه می‌گیریم که مراد از مار غاشیه همان مار قیامت و رستاخیز، یعنی ماری است که در جهنم و درکات جهنم به سر می‌برد تا به فرمان خدای تعالی گناهکاران را عذاب دهد ... در ایران قدیم به یک جهنم معتقد بودند که ارواح گناهکاران در آن زندانی می‌شوند تا از گناهان پاک گردند و اهورامزدا پس از غلبه بر اهریمن، آن ارواح را از زندان آزاد کند. آنچنان که از گفته‌های هومر شاعر و افلاطون فیلسوف برمی‌آید، یونانیان معتقد بودند که جهنم عالمی مانند دنیا می‌باشد. رومیان قدیم به انواع عذابها و جهنم عقیده داشته‌اند. ژاپنی‌ها عذاب را منحصر به تناسخ و حلول ارواح گناهکاران به بدن روباه می‌پنداشتند. یهودیان نخستین عقیده‌ای به جهنم و عذاب گناهکاران نداشته‌اند و جهنم بعدها مورد توجه آنان واقع شده است. مسیحیان جهنم را سرای ابدی گناهکاران می‌دانند که هر که در آن قرار گرفت، راه بازگشتی برایش وجود ندارد. اما در دین اسلام، قرآن این حقیقت را در بسیاری از آیات با استناد به رموز نفسانی و آیات خلقت و رابطه علت و معلول و مقدمات با نتایج، تصویر و تمثیل کرده است. احادیث بسیاری از رسول اکرم (ص) و ائمه طاهرین (ع) درباره جهنمیان و چگونگی بیرون آمدن یا خلود آنان در جهنم وارد شده است که عصاره و چکیده احادیث مزبور این

---

[2] اشاره به آیه: هَلْ أَتَاكَ حَدِيثُ الْغَاشِيَةِ (الغاشیه : آیه 1).

عبارت است: «کسانی که به جهنم وارد شدند از آن بیرون نمی‌آیند، مگر آنکه زمان‌های طولانی در آن درنگ کنند». پس کسی نباید بدین امید متکی باشد که از آتش خارج می‌شود، ولی با توجه به عبارت «زمان‌های طولانی» می‌تواند امیدوار باشد که بالاخره روزی، هر قدر هم طولانی باشد از عذاب و آتش جهنم خلاصی خواهد یافت. باری، در جهنم یا دوزخ مراتب و درجاتی به تناسب شدت و ضعف جرم گناهکاران در نظر گرفته شده است که آن‌را هفت طبقه و بیشتر می‌دانند، از قبیل: حجیم، جهنم، سقر، سعیر، لظی، هاویه، خطمه، سکران، سجین و بالاخره ویل که چاهی عمیق و بی انتهاست و در قعر جهنم قرار دارد. به روایتی طبقه هفتم جهنم را تابوت نامیده‌اند که در این مورد چنین نقل شده است: «... از اوصاف جهنم پس از گرز‌های آتشین و شعله‌های مدام آذر که معصیت‌کاران پیوسته در آن می‌سوزند و پس از خاکستر شدن دوباره زنده می‌شوند یکی هم مراتب و درجات آن است که به گناهکاران بزرگ اختصاص می‌یابد. از جمله طبقه هفتمین (تابوت) جای مخربین و بدعت‌گذاران است. «در آن عقربی به نام "عقرب جراره" و ماری به اسم "مار غاشیه" می‌باشد که تا هفتصد سر برای او معلوم کرده‌اند. اما با این همه، عقرب‌های آن چنان الیم باشد که جهنمیان از زحمت آن پناه به مار می آورند ...».

Alderdom beskytter ikke mod dårskab.

بزرگی به عقل است نه به سال

گلستان

حکایت   سرهنگ‌زاده‌ای را بر در سرای اغلمش دیدم که عقل و کیاستی و فهم و فراستی زایدالوصف داشت، هم از عهد خردی آثار بزرگی در ناصیه او پیدا.

بالای سرش ز هوشمندی   می تافت ستاره بلندی

فی الجمله مقبول نظر افتاد که جمال صورت و معنی داشت و خردمندان گفته‌اند توانگری به هنر است نه به مال، بزرگی به عقل است نه به سال. ابنای جنس او بر منصب او حسد بردند و به خیانتی متهم کردند و در کشتن او سعی بی فایده نمودند.

دشمن چه زند چو مهر باشد دوست؟

ملک پرسید که موجب خصمی اینان در حق تو چیست؟ گفت: در سایه دولت خداوندی دام ملکه همگنان را راضی کردم مگر حسود را که راضی نمی‌شود الا به زوال نعمت من و اقبال و دولت خداوند باد.

تـوانم آن کـه نیـازارم انـدرون کسـی   حسود را چه کنم کو ز خود به رنج در است

بمیـر تـا برهـی ای حسـود کـین   که از مشقت آن جز به مرگ نتوان رست

شوربختان به آرزو خواهند   مقبلان را زوال نعمت و جاه

گر نبیند به روز شب پره چشم   چشمه آفتاب را چه گناه؟

راست خواهی هزار چشم جهان   کور بهتر که آفتاب سیاه

5

Alle Baader hioelpe.

قطره قطره جمع گردد وانگهی دریا شود

گرت سیل باید بر قطره شو ـ تو این نکته از عین حکمت شنو

اندك‌اندك به هم شود بسیار   دانه دانه است غلّه در انبار   سعدی

اخلاق الاشراف[3]

در این روزها بزرگ‌زاده‌یی خرقه‌یی به درویشی داد. مگر (از قضا) طاعنان خبر این واقعه را به سمع پدرش رسانیدند. با پسر در این باب عتاب می‌کرد. پسر گفت: در کتابی خواندم که هر که بزرگی خواهد باید هر چه دارد ایثار کند؛ من بدان هوس این خرقه را ایثار کردم. پدر گفت: ای ابله! غلط در لفظ ایثار کرده‌ای که به تصحیف (خطا خواندن و نوشتن "غیاث اللغات") خوانده‌ای؛ بزرگان گفته‌اند: هر که بزرگی خواهد باید هر چه دارد انبار کند تا بدان عزیز باشد؛ نبینی که اکنون همه بزرگان انبارداری[4] می‌کنند. و شاعر گوید:

اندك‌اندك به هم شود بسیار   دانه‌دانه است غلّه در انبار

---

[3] خواجه نظام‌الدین عبیدا... زاکانی قزوینی، منتقد بزرگ سده هشتم هجری قمری است که در زاکان قزوین دیده به جهان گشود. وی از خاندان زاکانیان است، تیره‌ای از اعراب بنی خفاجه که به ایران مهاجرت کرده و در قزوین ساکن شده بودند. وی در آغاز کار از متمولین بوده و لقب "صاحب معظم" را داشته، اما بعدها به سبب دگرگونی‌های روزگار به تنگدستی افتاده است. عبید مدح سلطان اویس جلایری و شاه شجاع مظفری را می‌گفته اما از سلطان محمد جلایری به واسطه تعصبی که تظاهر می‌نمود، نفرت داشته است. عبید هزل و هجو را برای بیان افکار متعالی انتخاب کرد و در بسیاری از آثارش و منجمله اخلاق‌الاشراف، با ریشخند و استهزاء تند روش‌های عالیه را به عنوان مذهب منسوخ و روش‌های رذیلانه را به عنوان مذهب مختار معرفی می‌کند و ضمن انتقاد از نظام اجتماعی، نابسامانی‌های موجود را از پرده بیرون می‌اندازد. با توجه به طنز عمیق و انتقاد کوبنده این منتقد فرزانه، هر جا که از هر کدام از آثار عبید شاهد مثالی آورده شده، نام کامل عبید نیز مذکور است تا خواننده شیوه رندانه عبید را در نقد مدیران جامعه به وضوح تمیز دهد. "در روزگاری که پادشاهان و امیران و وزیران همه نعل وارونه می‌زدند یعنی بظاهر هر چه می‌گفتند در باطن ضد آن را انجام می‌دادند، شیوه انتقادی عبید هم شکل زمانه را به خود می‌گرفت." مقدمه دکتر حلبی بر اخلاق‌الاشراف (زاکانی، عبید: اخلاق‌الاشراف، تصحیح و توضیح دکتر حلبی. تهران: اساطیر,1374.)

[4] انبارداری، در اینجا به همان معنی است که امروزه احتکار می‌گویند.

حکیم فردوسی از زبان پیروز یا قباد ساسانی که تحت تأثیر تعالیم مزدك قرار گرفته بود، می‌گوید:

بریزم ز تن خون انباردار   که او حکم یزدان گرفته است خوار

Anden Tid, giver andet Folk.

نان را باید به نرخ روز خورد

هر ملکی و هر رسمی

ما همه شیران ولی شیر علم
جمله‌مان با باد باشد دم به دم
مولوی

* عبارت یونانی *[άλλοτ' άλλοïα φQόνει,]* به مفهوم "طرز فکرهای مختلف در اعصار مختلف" ریشه ضرب‌المثل می‌باشد که در زبان فرانسه به‌شکل *[autres temps, autres mœurs,]* به مفهوم "هر زمانی و هر رسمی" درآمده و با همین مضمون به زبان‌های اروپایی راه یافته است. *PINDAR Fragment ccxxv.*

لطائف‌الطوائف

مردی از دولت به نکبت افتاده بود، روزی در آن حال عطسه‌یی زد. جمعی که نزدیك او بودند که گمان بردند که مگر بادی ازو جدا شد، او را دشنام دادند و ناسزا گفتند، بخندید و گفت عجب حالی است، در ایام دولت اگر نفخی از من جدا می‌شد، مردم آن را عطسه می‌شمردند و رَحمكَ‌الله می‌گفتند، و اکنون که در نکبتم عطسه مرا ضرطه حساب می‌کنند و لَعَنَكَ‌الله می‌گویند.

تذکرة الشعراء

"حکایت کنند که سلطان محمد پادشاه هرات (در قرن خمسین و ثمانمأته) [قصد گرفتن شهر نعمان کرد]. قبل از جنگ به یك روز در سرآب ریزی نعمان که از اعمال اسفراین است فرود آمد و نزدیکان و جوانان و مبارزان لشکر خود را دل همی داد که مردانه باشید و حق نعمت من فرومگذارید. سه هزار جوان به یکبار دستارها از سر برگرفتند و گفتند که سرهای ما فدای راه تست و روزی دیگر شهزاده را به زاری زار بگذاشتند و بگریختند و گویند که از آن لشکر الاّ خون شهرزاده که ریخته شد بینی هیچ کس خونی نشد تا معلوم رأی اولی‌الابصار باشد که بر اطاعت و تملق عوام کالانعام اعتمادی نیست.

ده خداوندی عاریت به حق — تا خداوندیت بخشد متفق
این خداوندی که دادندت عوام — زود بستانند ازتو همچو وام

Armod og Kiarlighed ere onde at dölge.

عشق و مشک پنهان نمی‌ماند

عشق بوی مشک دارد زان سبب رسوا بود

مشک را کی چاره باشد از چنین رسوا شدن

مولوی

* عبارت لاتین [*Amor tussisque non celantur*] با مضمون "عشق و سرفه پنهان نمی‌مانند" ریشه ضرب‌المثل می‌باشد.

کنزالسالکین

... عشق گفت: من دیوانه جرعه ذوقم، برآرنده شعله شوقم، زلف محبّت را شانه‌ام، زرع مودّت را دانه‌ام. ای عقل تو کیستی؟ مودّب راه، و من مقرّب شاه. آن ساعت که روز بار بود و نوروز عشرت یار بود، من سخن از دوست گویم و مغز پوست جویم؛ نه از حجاب پرسم، نه از حجّاب ترسم، مستانه‌وار درآیم و بشرف قرب برآیم، تاج قبول نهم بر سر، و تو که عقلی همچنان بر در!

Bange hjarte vandt aldrig fager mö.

جهان زیر شمشیر تیر اندر است

آنکه بود شرم و حیا رهبرش ـ خلق ربایند کلاه از سرش

چنین است گردنده گوژپشت

چو نرمی نمودی ببینی درشت

حکیم فردوسی

... آورده‌اند خواجه نظام‌الملک؛ شیخ ابواسحق شیرازی را بسیاری گرامی می‌داشت. ولی با همه این تکریم و تعظیم‌هایی که خواجه نظام‌الملک از وی می‌کرد، چون در آخر عمر به فکر عاقبت و آخرت افتاده بود، «... در دلش افتاد که محضری نویسد، در کیفیت زندگانی او با بندگان خدای و همه علماء و بزرگان دین گواهی خود بر آن محضر نویسند و آن محضر با او در خاک نهند ... هر چند که این صورت کس نکرده است، اما به سبب نیکو اعتقادی خواجه این محضر نوشتند و هر کس از بزرگان دین، شهادت خود بر آن محضر نوشتند، اما ابواسحق فیروزآبادی صاحب تنبیه با آن که مدرس نظامیه بود و منظور نظر احسان و انعام خواجه، چون آن محضر به خدمتش بردند، بر روی آن محضر نوشت: بهترین ستمکاران حسن طوسی است، این را ابواسحق نوشت.»

جوامع‌الحکایات و لوامع‌الروایات

آورده‌اند که چون یعقوب لیث از حدّ صبا به حدّ بلوغ رسید، پیری که نزدیکتر اقارب او بود او را گفت که: خاطر من به حال تو ملتفت است (من در اندیشه تو هستم). دست پیمانی راست کن تا کسی را از بهر تو بخواهم. یعقوب گفت: آن را که من می‌خواهم دست پیمانی راست کرده‌ام. پیر گفت: تو را استظهاری نمی‌دانم به من نمای تا ببینم. یعقوب به خانه رفت و شمشیری بیرون آورد و گفت: ای پدر ...[5] که ملک مشرق و مغرب را خطبه خواهم کرد و او را دست پیمانی به از این نیست.

بیت:

با بخت نیک هیچ کس را ستیز نیست   قهر عروس ملک بجز تیغ تیز نیست

---

[5] در اکثر نسخه‌های موجود، این قسمت، افتادگی دارد.

9

Bedre halvt bröd end Alt mist.

کاچی به از هیچی است

از دنبه چون بماند نومید و بی‌نصیب

خرسند شود سگ بیچاره به استخوان

لطائف‌الطوائف

قزوینیی از بصره می‌آمد. گفتند از کجا می‌آیی؟ گفت از گرمسیر، گفتند آنجا در چه کار بودی؟ گفت عرق کردن و گرما خوردن.

امثال و حکم

گویند آنگاه که کار مصادرت (مصادره کردن اموال دیگران) و مطالبت نادرشاه بر مردمان دهلی توان فرسا شد، روزی جمله ذیل را با خطّی جلی (روشن) نوشته در رهگذر پادشاه ایران آویختند: "اگر خدائی تو را بندگان باید و اگر پادشاهی از رعیتت گریز نباشد، با این همه ستم دیار هند خراب و بیاب (ویران) و از مردم تهی ماند". نادرشاه از میرزا مهدی خان پرسید چه نوشته‌اند؟ دبیر جلیل شرح بگفت. نادرشاه پس از لحظه‌ای تأمّل فرمود: به آنها بگو من این گونه سخنان که خدایم یا شاهم ندانم، من نادر قلی‌ام و پول می‌خواهم.

Bedre sent end aldrig.[6]

دیر آی و شیر آی

دیرآمدن به خیر و سعادت بود به گاه

چه‌خوش‌گفت آن سخنگوی جهانگرد   که دیرآی و درست آی ای جوانمرد   **حکیم نظامی**

* این ضرب‌المثل از سده اول پیش از میـلاد در زبان لاتیـن استفاده مـی‌شود.

عبارت یونانی*[χοεΐττον γάο έστιν όψέ άοζασθαι τά δέοντα ποάττειν ή μηδέποτε]* به‌مفهوم "بهتر است شروع کرد هرچنـد که دیر شروع کرد" ریشه ضرب‌المثل می‌باشد که در زبان لاتیـن به‌شکل عبـارت *[potius sero quam nunquam]* درآمده است.

DIONYSIUS OF HALICARNASSUS Roman Antiquities ix. 9 . LIVY Hist.IV.ii

فیه ما فیه

... همچنانکه مجنون قصد دیار لیلی کرد، اشتر را آن طرف می‌راند تا هوش با او بود. چون لحظه‌ای مستغرق لیلی می گشت و خود را و اشتر را فراموش می کرد، اشتر را در ده بچه‌ای بود، فرصت می‌یافت، باز می گشت و به ده می‌رسید. چون مجنون به خود می‌آمد، دو روزه راه بازگشته بود. همچنین سه ماه در راه بماند. عاقبت افغان کرد که این اشتر بلای من است. از اشتر فرو جست و روان شد.

* * *

همچو مجنـون در تنازع با شتر   گه شتر چربیـد و گه مجنـون حر
میل ناقه پس، پـی کرّه دوان   میل مجنـون پیش آن لیلـی روان
یك دم ار مجنون ز خود غافل شدی   ناقـه گردیـدی و واپس آمـدی
عقل را سودای لیلـی در ربود   آن که او باشـد مراقب عقـل بـود
چون بدیدی او مهار خویش سست   لیك ناقـه بس مراقب بـود و چست
رو سپس کردی به کرّه بـی درنـگ   فهم کردی زو که غافل گشت و دنگ
کو سپس رفته است بس فرسنگهـا   چون به خود بـاز آمدی، دیدی ز جا
ماند مجنون در تردّد سالهـا   در سـه روزه ره، بدیـن احوالهـا
مـا دو عاشـق همـره نالایقیم   گفت: ای ناقـه، چـو هـر دو عاشقیم
تن ز عشق خاربن چـون ناقه‌ای   جـان ز هجـر عـرش انـدر ناقه‌ای
در زده تـن در زمیـن چنگالهـا   جـان گشایـد سوی بالا بالهـا
خویشتن افکنـد انـدر سنگلاخ   تنـگ شـد بر وی بیابـان فـراخ

6 *Bedre sildig end aldrig.*

Beder gud dig drage, han får dig vel reb, beder han dig ride.

گرز به خورند پهلوان

خدا سرما را بقدر بالاپوش می‌دهد

خدا درد را باندازه طاقت می‌دهد

هر کجا دردی، دوا آنجا رود   هر کجا فقری، نوا آنجا رود

مولوی

زانکه قـدر مستمع آمـد نبـا
بر قدر خواجه برد درزی قبا

مولوی

* قدیمی‌ترین اثر ادبی که ریشه این ضرب‌المثل در آن استفاده شده، کتابی از استین در سال 1594 میلادی است که عبارت زیر به مفهوم "خداوند سرما را بقدر طاقت گوسفند می‌فرستد، شکل صحیح ضرب‌المثل است" در آن به‌کار رفته است.

"Dieu mesure le froid `a la brebis tondue, sont les propres termes du prouerbe"
H. ESTIENNE Premices 47 ces termes

منهاج‌الشارعین

مروی است از حضرت خواجه اخیار و سرور ابرار (صلی‌الله‌علیه‌وآله) که چون روز قیامت شود، ندا در رسد که ای حمّادان! برخیزید. پس طایفه‌ای برخاسته، از برای ایشان لوایی نصب کرده شود و داخلِ بهشت گردانند. به عرض مقدس پناه رسانیدند که حمّادان چه طایفه‌ای باشند؟ فرمود که جمعی باشند که شکر الهی نمایند، در هر حالتی، اعم از آن که در سختی یا آسانی باشند.

تذکرة الاولیاء

نقل است که وقتی یکی عصابه‌یی به سر بسته بود. (رابعه عدوّیه[7] او را) گفت: چرا عصابه به سر بسته‌ای؟ گفت: سرم درد می‌کند. گفت: عمرت چند است؟ گفت: سی سال. گفت: در این سی سال بیشتر تندرست بودی یا بیمار؟ گفت: تندرست. گفت: هرگز در این مدّت عصابه شکر بربسته‌ای؟ (که) به یك دردسر که تو را هست، عصابه شکایت بربندی.

---

[7] رابعه دختر اسماعیل عدوي القیسي که به کنیت ام‌الخیر نامور بوده است و به سال 135 هجري قمري در بیت‌المقدس درگذشته است، شیخ عطار در معارفه وي چنین مي‌فرماید: آن مخدرّه خدر خاص، آن مستوره ستر اخلاص، آن سوخته عشق و اشتیاق، آن شیفته قرب و احتراق، آن نایب مریم صفیه، آن مقبول رجال رابعه عدویه رحمهاالله تعالي.

امثال و حکم

زنی برای استعلاج نزد مرحوم میرزا ابوالحسن خان دکتر(از اولین اطبائی که باسلوب طب جدید درس خوانده و بالطبع از چارمزاج و چهار خلط قدما اطلاعی نداشت) آمده گفت حکیم باشی طبعم گرم است و استخوانهایم سرد، سردی می‌خورم با من نمی‌سازد و گرمی هم ضرر می‌کند. دکتر بتعجب پرسید خانم این ییلاق و قشلاق را از کجا آورده‌اید.

اسرارالتوحید فی مقامات‌الشیخ ابی‌سعید

روزی یکی بنزديك شیخ ما آمد و گفت ای شیخ! آمده‌ام تا از اسرار حق چیزی با من بگویی. شیخ گفت بازگرد تا فردا باز آی. آن مرد برفت. شیخ بفرمود تاآن روز موشی بگرفتند و در حقّه کردند و سر آن حقّه را محکم کردند. دیگر روز آن مرد بازآمد و گفت آنچه وعده کردة بگوی. شیخ بفرمود تا آن حقه را بوی دادند، و گفت زینهار تا سر این حقه بازنکنی: آن مرد آن حقّه را بستد و برفت. چون بخانه رفت سودای آنش بگرفت که آیا درین حقّه چه سرّ است، بسیار جهد کرد تا خویشتن نگاه دارد، صبرش نبود، سرحقّه بازکرد، موش بیرون جست و برفت. آن مرد پیش شیخ آمد و گفت ای شیخ! من از تو سرّ خدای خواستم، تو موشی درحقّه کردی و بمن دادی. شیخ گفت ای درویش! ما موشی در حقّه بتو دادیم، تو پنهان نتوانستی داشت، خویش را بحق تعالی چون توانی نگاه داشت؟ و سرّ حق را با تو چسان گویم، که نگاه نتوانی داشت.

Betre er boie end briste.

یا زر یا زور یا زاری

دستی را که نمیتوان برید باید بوسید

سنگی را که نتوان برداشت باید بوسید و گذاشت

از درد لاعلاجی به خر می گویند خانباجی

چون بیفتد تیر آنجا می‌طلب   زور بگذار و به زاری جو ذهب **مولوی**

از برای مصلحت مرد حکیم   بوسه زد بر دم خر خواندش کریم **مولوی**

تذکره محمّد شاهی

امیر تیمور لنگ چون به هندوستان رسید و مطربان طلبید، گفت: از بزرگان شنیده‌ام که در این شهر مطربان کاملند. مطربی نابینا پیش پادشاه حاضر شد و سرود آغاز کرد. پادشاه بسیار خوشحال شد و نام او پرسید. گفت که نام من دولت است. پادشاه گفت: دولت هم کور می‌شود؟! او جواب داد: اگر دولت کور نبودی به خانه لنگ نیامدی! پادشاه این لطیفه پسندیده انعام بسیار به او داد.

اخلاق‌الاشراف

از نوخاسته‌یی (نوجوان) اصفهانی روایت کنند که در بیابانی مغولی[8] بدو رسید، بر او حمله کرد. نو خاسته از کمال کیاست تضرع کنان گفت: "ای آغا خدای را هم گا مم کش" یعنی بگ... مرا و مکش مرا. مغولش بر او رحم آورد و بر قول او کار کرد. جوان به یمن این تدبیر از قتل خلاص یافت؛ گویند بعد از آن سی سال دیگر عمر در نیکنامی بسر برد، زهی جوان نیکبخت! گویا این مثل در باب او گفته‌اند:

جوانان دانا و دانش پذیر   سَزَد گر نشینند بالای پیر

ای یاران! معاش و سنّت این بزرگان غنیمت دانید. مسکین پدران ما که عمری در ضلالت بسر بردند و فهم ایشان بدین معانی منتقل نگشت.

---

8 مغولي (منسوب به مغول) يكي از طوايف زردپوست ساكن آسياي مركزي و شرقي، كه شامل قبايل بسيار بودند مانند: تاتار، قيات، قنقرات، جلاير، كرائيت و غيره. اين قوم، در اوايل سده هفتم هجري به رياست چنگيز (متوفي 624 هجري قمري) از قبيله قيات بر قسمت مهمي از آسيا تسلط يافت. در اين روزگار سلطان محمد خوارزمشاه (متوفي 617 هجري قمري) در ايران حكومت مي كرد. چنگيز در آغاز با سلطان باب دوستي مفتوح ساخت، ولي حاكم أترار، به ناداني، فرستادگان او را كشت و سرانجام پاي اين قوم به خاك ايران باز شد، و پس از مرگ سلطان محمد و كشته شدن پسر شجاع ولي بي‌تدبيرش سلطان جلال الدين منكبرني، سپاه مغول ايران را فتح كردند. **تاريخ مغول، اقبال آشتياني**

Bedre een Fugl i Haanden end to paa Taget.[9]

گنجشك بدست است به از باز پریده

سیلی نقد به از حلوای نسیه

این نقد بگیر و دست از آن نسیه بدار

سیلی نقد از عطای نسیه به   نك قفا پیشت کشیدم نقد ده
خاصه آن سیلی که از دستتواست   هم قفا هم سیلیش مست تو است **مولوی**

* از سده 8 پیش از میلاد، از شاعر یونانی *Hesiod* عبارتی به این مضمون بجا مانده است؛ دو سده بعد آسوپ همین مفهوم را بهکار برد. عبارت لاتین *[Plus valet in mainibus avis unica fronde duabus]* به مفهوم "دو پرنده در میانه دست بهتر از چندین پرنده بر روی شاخسار است" مفهوم ریشهای ضربالمثل میباشد که از سده پنجم میلادی در زبان لاتین استفاده میشود.

تاریخ بیهق

در روزگار ما، ندیمی در مجلس وزیری بخیل و ممسك رتبه مجالست و منادمت یافته بود، و در آن مجلس، قصه سماحت و سخاوت برامکه، رحمهم الله، میخواندند، آن وزیر آن حکایات مخالف طبیعت و عادت خویش مییافت ...، چنان گمان برد که محال و موضوع است، چه بیشتر از خلایق، آنچه در نفس خویش اثر آن نیابند، بر امثال خویش محال یابند ... پس آن وزیر گفت: "این حکایات برامکه موضوعات و مفتریات باشد!" ندیم گفت: "زندگانی خداوند ولی النعم، در کامرانی و مملکت آرایی و دادفرمایی و چرخ مطیع و فرمانبر و دولت غلام و کهتر، دراز باد؛ چرا از این حکایات موضوعات و از این سخاوتهای ناراست، ازین خداوند، هیچ حکایت نکنند؟ نه از آن است که اینجا هیچ نیست و آنجا بوده است"؟

عمر خیام

گویندکسان بهشتباحور خوشاست   منمیگویمکه آب انگور خوشاست
این نقدبگیرو دست از آن نسیه بدار   کآوازدهل شنیدن ازدور خوشاست

من هیچ ندانم که مرا آنکه سرشت   از اهل بهشت کرد یا دوزخ زشت
جامی و بتی و بربطی بر لب کشت   این هرسه مرا نقدو ترا نسیه بهشت

گویند بهشت و حور و کوثر باشد   جویمی و شیر و شهد و شکر باشد
پر کن قدح باده و بر دستم نه   نقدی ز هزار نسیه خوشتر باشد

---

[9] *Betre noget en indet.*

Blodet er aldrig saa tyndt, at det jo er tykkere end Vand.

مگر ناخن را میشود از گوشت جدا کرد

مژه به چشم زیادتی نکند

جوشش‌خون باشد آن واجست‌ها   خارش دل‌هـا و بحث و ماجـرا
مولوی

* عبارت آلمانی *[Ouch hoer ich sagen, daz sippebluot von wassere niht verdirbet]* ریشه ضرب‌المثل می‌باشد. کهن‌ترین متن بجامانده، مربوط به آلمانی‌میانه در سال 1130 میلادی است.
Reinecke Fuch (circa 1130 Reynald the Fox)
علی‌رغم به‌کار رفتن این ضرب‌المثل از سده دوازدهم میلادی در ادبیات آلمانی، عده‌ای از اصطلاح‌شناسان معتقدند که ریشه ضرب‌المثل از عبارت یا ضرب‌المثلی اسکاتلندی است.

تفسیر سورآبادی

و در اخبار آمده است که ... در ولایت کسری زنی بود، او را پسران محتشم رسید و در آن وقت او را دو پسر بود: نام یکی شهرأبراز و نام یکی فرخزاد ... کسری شهرأبراز را برگزید و امارت داد، صدهزار سوار در فرمان او کرد و برادر وی را، فرخّان، زیردست وی کرد و او را سپهسالاری داد. بفرمود ایشان را بحرب روم برفتند و حرب می‌کردند با کلب الرّوم ... شبی این فرخّان بخواب دید که بر جای کسری نشسته‌اید[10] و تاج مملکت بر سر وی ... دیگر روز آن خواب را بگفت و اصحاب اخبار آن خبر را بگوش کسری رسانیدند. کسری نامه نبشت به شهرابراز که سرفرخّان برگیر و با جواب نامه بمن فرست.....کسری دیگر بار نوشت که وی را سربرگیر! شهرابراز توقّف کرد ...

---

[10] نشسته‌اید= نشسته بودي. "اید" در اینجا به جاي ياء ماقبل مكسور است كه هنگام بيان خواب در آخر فعل در مي‌آمد چنانكه درين سخن از حكيم فردوسي مي‌بينيم:

چنين ديد گوينـده يكشب بخواب   كه يك جام و مي داشتي چون گلاب
دقيـقـي ز جـايـي فـراز آمدي   بـر آن جـام مـي داستـانـهـا زدي
بفردوسـي آواز دادي كه مـي   مخور جز به آيين كاووس كي

Broendt Barn roedes gierne Ilden.

مارگزیده از ریسمان سیاه و سفید می‌ترسد

هر کسی انگشت خود یك ره کند در زولفین

عاقل دوبار فریب نمیخورد

آدم یکبار پایش به چاله می‌رود

هر آن گاهی که باشد مرد هشیار ز سوراخی دو بارش کی گزد مار
فردوسی

آنکه شد یکبار زهرآلود از سوراخ مار
باردیگر گرد آن سوراخ کی آرد گذار
معزّی

امثال و حکم

خرسی در کوهستان با مردی دست و گریبان شده و او را بر زمین زد. مرد از هوش برفت. خرس چون بنابر مشهور گنده خورد، او را مرده پنداشته و برفت تا روز دیگر برگشته لاشه عفن شکار خود را طعمه سازد. پس از ساعتی مرد را افاقه حاصل شد (بهبودی یافت) ولی از صدمت افتادن از دو گوش کر ماند. سپس در تمام عمر هر گاه دو تن را می‌دید که با هم سخن می‌گویند، چون نمی‌شنید و هراس و کینه خرس نیز همیشه در دل داشت، می‌پرسید: خرسه[11] را می‌گویید؟ بد حیوانیست!

امثال و حکم

ملا نصرالدین را گفتند چرا اینهمه گول خوری گفت هیچ گول را دو دفعه خورده‌ام؟

کلیله و دمنه

برهمن گفت آورده‌اند که ملکی بود و او را ابن مدین خواندندی و مرغی داشت قبرّه نام با حسّی سلیم و نطقی دلگشای و در کوشك ملك بیضه نهاد و بچه بیرون آورد ملك فرمود تا او را بسرای حرم برند و در تعهّد او مبالغت نمایند و ملك را پسری آمد که انوار رشد و نجابت

---

11 هاي آخر كلمه خرسه بجاي الف و لام عهد ذهني عرب است.

در ناصیه او تابان بود و شعاع اقبال و سعادت بر صفحات حال وی درخشان... در جمله شاهزاده را با بچه مرغ الفی تمام افتاد و پیوسته با او بازی کردی و هر روز قبرّه بکوه رفتی و از میوه‌های کوه که آدمیان را بدست نیاید دو عدد بیاوردی یکی ملك‌زاده را دادی و یکی بچه خود را و کودکان حالی بدان تلذّذ نمودندی و بنشاط و رغبت خوردندی و اثر منفعت آن در قوّت ذات و بسطت جسم ایشان هر چه زودتر پیدا می‌آمد چنانکه در اندك مدّتی ببالیدند و مخائل نفع آن هر چه ظاهرتر مشاهدت کردند و وسیلت قبرّه بدان خدمت مؤکدتر می‌گشت و هر روز قربت و منزلت وی می‌افزود چون یکچندی بگذشت روزی قبرّه غائب بود بچه او بر کنار پسر ملك جست و بنوعی او را بیازرد آتش خشم ملك‌زاده را در غرقاب ضجرت کشید تا خاك در چشم مرد می‌زد و اِلف و صحبت قدیم را بر باد داد و پای او بگرفت و گرد سر برآورد و بر زمین زد و در حال هلاك شد چون قبرّه باز آمد و بچه را کشته دید پر غم و رنجور گشت... پس آنگاه بر روی ملك زاده جست و چشمهای جهان بین او را برکند و پروازی کرد و بر نشیمن حصین بنشست. خبر بملك رسید برای چشمهای پسر جزعها کرد و خواست که بحیلت مرغ را بدست آرد و آنگاه آنچه جزا و سزا بود تقدیم فرماید پس برنشست... و پیش آن بالا رفت و قبرّه را آواز داد و گفت ایمنی ای قبرّه فرود آی قبرّه ابا نمود و گفت... لایلْدَغُ المؤمِنُ مِنْ حُجرٍ مَرَّتَینِ (مؤمن از یك سوراخ دو بار گزیده نشود)...

امثال و حکم

لُری آب تغار پاره دوزی را که عادتاً چرم‌های کهنه در آن آغارند (خیس کنند) بدید و پنداشت دوشاب است. چند شاهی بداد و کاسه‌ای از آن بستد و نان در آن اشکنه کرد و چون تمام بخورد، لخت دوز (پاره دوز کفش) را گفت: مگو هالو ندانست، دوشابت بی‌مزه بود.

Börn er vis sorg, men uvis gläede.

آدم بی‌اولاد، پادشاه بی‌غم است

حکیم فردوسی

یکــی داستان زد برین ماده شیر — کجا کرده بد بچّه او شیر سیر
که گر من تو را خون دل دادمی — سپاس ایچ بر سرت ننهادمــی
که تو خود مرا زنده همچون دلــی — دلم بگسلد گر ز من بگسلــی

منشآت قائم مقام فراهانی

پسرم، نور بصرم، من از تو غافل نیستم، تو چرا از خود غافلی، گشت باغ و سیر راغ شیوه درویشان است نه عادت بی‌ریشان، سیاحت امردان با رندان رسم لوندان است نه مردان، هرگاه در این ایام جوانی که بهار زندگانی است دل صنوبری را بنور معرفت زنده کردی مردی والاّ بجهالت مردی، هان ای پسر بکوش که روزی پدر شوی والسلام.

Da naar enden er god, er alting godt.

شاهنامه آخرش خوش است

گز نکرده پاره مکن

دریدی تو ناکرده گز جامه را   نخواندی تو پایان شهنامه را

ادیب

چشم آخربین تواند دید راست

چشم اوّل بین، غرور است و خطاست

مولوی

غمی کز پیش شادمانی بری   به از شادیی کز پیش غم خوری

سعدی

* برخی اصطلاح‌شناسان معتقدند ریشه ضرب‌المثل از زبان ایتالیایی است و عده‌ای ضرب‌المثل آلمانی
Wer zuletzt lacht, lacht" *am besten* را ریشه ضرب‌المثل می‌دانند.

تاریخ نگارستان

آورده‌اند که دولت بنی‌امیه بریختن بولی از هم پاشید بیان این مقال آنکه مروان الحمار که
آخرین جبابره آن فراعنه است چون در کنار آبی در شهور سنه اثنین و ثلثین و مأة با لشکر
سفاح عباسی مقابل شده در حین تسویه صفوف از اسب فرود آمده بقضاء حاجت نشست اسبش
گریخته در میان لشکر اوفتاد و مردم را گمان آن شد که مگر او را کشته‌اند لاجرم لشکری
چنان که درتصور نمی‌گنجید دست از هم داده و پراکنده و پریشان گشتند مروان حکم که آنحال
مشاهده کرد سراسیمه گشت بر زبان آورد که اذا تمت المدة لم تنفع العدة و آن در میان عرب
مثل شده ذهبت الدولة ببوله.

ناصر خسرو

نشنیده‌ای که زیر چناری کدوبنی   بررست و بردوید بروبر به‌روزبیست؟

پرسید از آن چنار که تو چند ساله‌ای   گفتادویست باشد و اکنون زیادتی‌ست

خندید ازو کدو که‌من‌ازتوبه‌بیست‌روز   برتر شدم بگوتوکه‌این‌کاهلی ز چیست؟

او را چنار گفت که امروز، ای کدو   با تو مرا هنوز نه هنگام داوری‌ست

فردا که برمن و تو وزد باد مهرگان   آنگه شودپدید که از ما دو مرد کیست

ابوالفضل بیهقی

... که هیچ چیز نیست که به خواندن نیرزد و آخر هیچ حکایت از نکته‌ای که به کار آید خالی نباشد.

شیخ اجل سعدی علیه‌الرحمه

اگر پای در دامن آری چو کوه / سرت ز آسمان بگذرد در شکوه
زبان در کش ای مرد بسیار دان / که فردا قلم نیست بر بی زبان
صدف‌وار گوهرشناسان راز / دهان جز به لولو نکردند باز
فراوان سخن باشد آگنده گوش / نصیحت نگیرد مگر در خموش
چو خواهی که گویی نفس بر نفس / نخواهی شنیدن مگر گفت کس
نباید سخن گفت ناساخته / نشاید بریدن نینداخته
تامل کنان در خطا و صواب / به از ژاژخایان حاضر جواب
کمال است در نفس انسان سخن / تو خود را به گفتار ناقص مکن

Den der jager to Harer af een busk, faaer sieden nogen af dem.

مرغ همه گیر، هیچ گیراست

با یك دست دو هندوانه برنتوان داشت

هم از شوربای قم ماند هم از حلیم کاشان

بین دو پلاس بر زمین است

پندارد این به هایم پندارد آن به هویم　　غافل که در میانه سرگرم شاپ و شویم

نه یك کس تواند که سازد دو کار
که آن را پسندند ارباب هوش
اخلاق محسنی

* عبارت لاتین *[Duos insepuens lepores, neutrum capit]* با مضمون «کسی که دو آهو را دنبال کند، هیچکدام را شکار نکند» ریشه ضرب‌المثل است. عبارت لاتین میانه *[Labitur enitens sellis herere duabus]* به مفهوم «کسی که سعی کند بر روی دو صندلی بنشیند سقوط می‌کند» نیز ریشه این ضرب‌المثل دانسته شده است. در اثری مربوط به سال 1303 میلادی این ضرب‌المثل به‌شکل زیر به‌کار رفته است:

Entre deux arcouns chet cul a terre. [Les Proverbes del Vilain, M. S. Bodleian circa 1303]

سلسلة الذهب(جامی)

خرسی از حرص طعمه برلب رود	بهر ماهی گرفتن آمده بود
ناگه از آب ماهئی برجست	برد حالی به صید ماهی دست
پایش از جای شد، درآب افتاد	پوستین زان خطا در آب نهاد
ای بسا کس که حرص زد راهش	آب ناخورده گشت در چاهش

خواجه نظام‌الدین عبید زاکانی

پیری پیش طبیبی رفت. گفت سه زن دارم پیوسته گرده و مثانه و کمرگاهم درد میکند. چه خورم تا نیك شود. گفت: معجون نُه طلاق.

کلیله و دمنه

بطی در آبگیر روشنائی ماه میدید پنداشت که ماهی است قصد میکرد تا بگیرد هیچ نمییافت چون بارها آنرا بیازمود حاصل ندید فروگذاشت دیگر روز هرگاه که ماهی بدیدی پنداشتی که روشنائی است قصد نپیوستی و ثمرت این تجربت آن بود که همه روز گرسنه میماند...

تفسیر پاك

و قصّه‌ی این چنانست که کلبی یاد کرد اندر کتاب خود که وقتی فریشتگان آسمان بزمین نگریستند از اهل زمین معصیت و فسادها بدیدند. گفتند: یا رب نه ما گفته بودیم ـ اتجعل فیها مَن یفسِدُ فیها ـ گفته بودیم که در زمین باز خلقانی کنند و تباهیها کنند، اینك می‌کنند. خداوند بفریشتگان وحی کرد و گفت بنگرید تا اندر آسمانها از شما فریشتگان کیست خویشتن دارتر و پارساتر، صد فریشته بگزینید. و پس گفت نود فریشته بگزینید و پس گفت هشتاد، هم چونین تا گفت از جمله‌ی ایشان سه تن را اختیار کنید تا من همان شهوت که اندر فرزندان آدم نهاده‌ام اندرین فریشتگان بنهم و پس ایشان را بزمین فرستم، اگر ایشان خود را از گناهان نگاه دارند و نگاه توانند داشتن آنگاه شما را رسد که بر فرزندان آدم دراز زبانی کنید.

کشکول شیخ بهائی

از امام صادق (ع) نقل شده بینوایی به نزد پیامبر آمد و مرد ثروتمندی در حضور رسول (ص) بود. مالدار جامه خویش از بینوا درکشید. پیامبر (ص) گفت چه چیز تو را برآن داشت؟ آیا ترسیدی که بینوایی او تو را نیز درگیرد یا بی‌نیازی تو به او بچسبد؟ ثروتمند گفت: چون چنین فرمودی نیمی از دارایی من از آن او باشد. آنگاه پیامبر به مرد بینوا گفت: آیا از او می‌پذیری؟ و تهیدست گفت: نه. گفت: چرا؟ گفت ازآن می‌ترسم، که چنان شوم که او شده است.

مصیبت‌نامه

یك کلیچه یافت آن سگ در دهی	ماه دید از سوی دیگر ناگهی
آن کلیچه بر زمین افکند سگ	تا بگیرد ماه بر گردون به تگ
چون بسی تگ زد ندادش دست ماه	باز پس گردید و باز آمد به راه
آن کلیچه جست بسیاری نیافت	بار دیگر رفت و سوی مه شتافت
نه کلیچه دست می‌دادش نه ماه	از سر ره می‌شدی تا پای راه
در میان راه حیران مانده‌ای	گم شده نه این و نه آن مانده‌ای

Den där ventär på död mands skoe, går länge barfodet.

مال مرده وفا ندارد

مال مرده عقب مرده می‌رود

* شکل اولیه ضرب‌المثـل که در متون مربوط به سالهای 1549 میلادی و 1721 میلادی به‌کار رفته،
در متون بعدی تغییر یافته‌اند.
J. PALSGRAVE 306v

امثال و حکم

خری در حال نزع (مرگ) بود. سگی خوردن لاشه وی را انتظار مرگ او می‌برد. خر گفت: بیهوده انتظار مبر، من تا شنبه نمیرم، گفت: من هم تا یکشنبه بیکارم.

Den ene Ravn hugger ikke uinene ud paa deu anden.

کارد دسته خود را نبرد

سگ سگ را می‌خورد، استخوانش را دور نمی‌اندازد

کی تراشد تیغ دسته خویش را

رو به جراحّی سپار این ریش را

مولوی

* عبارت لاتین *[canis caninam non est]* به مفهوم «سگ گوشت سگ را نمی‌خورد»، ریشه این ضرب‌المثل می‌باشد. *VARRO De Lingua Latina VII. 32*

مرزبان‌نامه

سگ سگ را گزد ولیکن چون گرگ بینند هم پشت شوند.

اخبار خوارزم

و این خوارزمشاه (بوالعباس مأمون بن مأمون) را حلم بجایگاهی بود که روزی شراب می‌خورد، بر سماع رود و ملاحظه ادب بسیار می‌کردی، که مردی سخت فاضل و ادیب بود و من پیش او بودم و دیگری که او را صخری گفتندی. مردی سخت فاضل و ادیب بود و نیکو سخن و ترسل، ولیکن سخت بی‌ادب ... صخری پیاله شراب در دست داشت و بخواست خورد. اسبان که در سرای بداشته بودند بانگی کردند و از یکی بادی رها شد بنیرو. خوارزمشاه گفت: "فی شارب الشارب" صخری از رعنایی و بی‌ادبی پیاله بینداخت و من بترسیدم و بیندیشیدم که فرماید تا گردنش بزنند. و نفرمود و بخندید و اهمال کرد و بر راه حلم و کرم رفت ...

Den ene torden fordriver den anden.

تیغ کج را نیام کج باشد

گوشت خر دندان سگ

الخبیثات للخبیثین[12]

الکلاب علی البقر

ریش بد را داروی بد یافت رگ
مر سر خر را سزد دنـدان سگ
مولوی

طیبات آمد برای طیبین الخبیثین الخبیثات است هین
مولوی

للخبیثــات الخبیثــون حکمت است
زشت را هم زشت جفت و بابت است
مولوی

شیخ اجل سعدی علیه‌الرحمه

گدایی هول را حکایت کنند که نعمتی وافر اندوخته بود. یکی از پادشاهان گفتش همی نمایند که مال بیکران داری و ما را مهمّی هست. اگر به برخی از آن دستگیری کنی، چون ارتفاع رسد وفا کرده شود و شکر گفته. گفت ای خداوند روی زمین! لایق قدر بزرگوار پادشاه نباشد دست همّت به مال چون من گدایی آلوده کردن که جو به گدایی فراهم آورده‌ام. گفت غم نیست که به کافر می‌دهم. اَلْخَبیثاتُ لِلْخَبیثَین.

گر آب چاه نصرانی نه پاکست جهود مرده می‌شویی، چه باکست؟
قالوُا عَجینُ الْکِلسِ لَیسَ بِطاهِرٍ قُلْنا نَسُدُّ به شُقُوقَ الْمَبْرَزِ

شنیدم که سر از فرمان ملك باز زد و حجّت آوردن گرفت و شوخ چشمی کردن. بفرمود تا مضمون خطاب ازو به زجر و توبیخ مخلّص کردند.

به لطافت چو بر نیاید کار سر به بی حرمتی کشد ناچار
هر که بر خویشتن نبخشاید گر نبخشند کسی بر او، شاید

12 اشاره به آیه شریفه: الْخَبِيثَاتُ لِلْخَبِيثِينَ وَالْخَبِيثُونَ لِلْخَبِيثَاتِ وَالطَّيِّبَاتُ لِلطَّيِّبِينَ وَالطَّيِّبُونَ لِلطَّيِّبَاتِ أُولَئِكَ مُبَرَّؤُونَ مِمَّا يَقُولُونَ لَهُم مَغْفِرَةٌ وَ رِزْقٌ كَرِيمٌ (النور: آیه 26).

Den forste Fugl fanger det forste Korn.

هر که خواب است حصه‌اش (یا ـ روزیش) در آب است

نشاید هیچ مردم خفته در کار
که در پایان پشیمانی دهد بار
دهلوی

آورده‌اند ... عادت بوذرجمهر حکیم چنان بود که هر روز مدّتی قبل از آفتاب به دربار حاضر می‌شد و کسری را وادار می‌نمود که به کارهای سلطنتی رسیدگی کند و می‌گفت: سحرخیز باش تا کامروا باشی. کسری چون شبها را به عیش و عشرت می‌گذرانید، بیدار شدن صبح بر او سخت و ناگوار بود و آن وقت حاضر شدن بوذرجمهر را روا نمی‌داشت و کلام او را سرزنش می‌دانست. بنابراین روزی کسری، چاکران را بفرمود ـ که قریب صبح در راهی که بوذرجمهر عبور می‌کند ـ انتظار او کشند، و چون رسد، بی‌اینکه صدمه به او وارد آورند، لباسهایش بستانند! آنان در کمین نشستند تا هنگامی که او رسید او را برهنه کردند. او بازگشت و لباس دیگر بپوشید. چون به دربار حاضر شد، برخلاف اوقات گذشته، دیر شده بود. کسری پرسید که: موجب تأخیر چه بود؟ بوذرجمهر آنچه بر او گذشت را بازگفت. کسری گفت: نه تو هر روز مرا نصیحت می‌کردی که: سحر خیز باش تا کامروا باشی، این آفت به تو از سحرخیزی رسید. بوذرجمهر در جواب گفت: سحرخیز دزدان بودند که پیش از من برخاستند و کام ایشان روا شد. کسری از جواب او ملزم شد.

Den hund som bieffer meget, han bider ikkun lidet.[13]

سگ لاینده گیرنده نباشد

* با آنکه ابداع این ضرب‌المثل را به جورج هربرت *George Herbert* (1593-1632) نسبت می‌دهند، اما در آثار ادبی زبان انگلیسی کمتر استفاده شده است.

ریشه این ضرب‌المثل عبارت فرانسوی *[Chascuns chiens qui abaie ne mort pas]* به مفهوم "سگی که عوعو می‌کند گاز نمی‌گیرد" می‌باشد. گفته شده است وقتی به یکی از مردان بزرگ بلخ از خویشتن‌ستایی‌های اسکندر گفتند و اینکه قصد جهانگیری دارد، وی، این عبارت را در جواب او گفته است. این ضرب‌المثل در زبان آلمانی قدمت بیشتری دارد:

Bellende Hunde beißen nicht.

شیخ اجل سعدی الرحمه

هرمز را گفتند وزیران پدر را چه خطا دیدی که بند فرمودی؟ گفت خطایی معلوم نکردم، ولیکن دیدم که مهابت من در دل ایشان بیکرانست و بر عهد من اعتماد کلّی ندارند، ترسیدم از بیم گزند خویش آهنگ هلاك من کنند، پس قول حکما را کار بستم که گفته‌اند:

ازآن کز تو ترسدبترس ای حکیم — و گر با چنو صد برآیی بجنگ
ازآن ماربر پای راعی زند — که ترسد سرش را بکوبد بسنگ
نبینی که چون‌گربه عاجز شود — برآرد بچنگال چشم پلنگ؟

لطائف‌الطوائف

روزی بنائی (هروی) شاعر به درگاه امیر علیشیر آمد و بنشست، امیر از درون خرگاه آواز داد که در بیرون کیست؟ گفت: بنائی. گفت: خوش آمدی که ما کسی می‌خواستیم تا زمانی با او مسخرگی کنیم. بنائی گفت: ما نیز برای همین کار آمده‌ییم.

---

[13] نگاه کنید به:

Stille vand har den dybe grunde.

Den Steen der ofte flyttes, bliver ikke mossegroet.

پیاز آدم هر جائی کونه نمی‌بندد

از این شاخ به آن شاخ پریدن عاقبت ندارد (از این شاخ به آن شاخ پریدن)

سکونی به دست آر ای بی‌ثبات

که برسنگ غلطان نروید نبات

سعدی

* ریشه ضرب‌المثل، عبارت یونانی *[λίθος χυλινδόμενος τὸ φῦχος οὐ ποιεῖ,]* است که در زبان لاتین بصورت *[musco lapis colutus haud obducitur,]* هر دو به مفهوم «به سنگ غلطان علفی نمی‌چسبد» درآمد و به زبانهای دیگر اروپائی راه یافت.

شیخ اجل سعدی علیه‌الرحمه

بازرگانی را شنیدن که صدو پنجاه شتر بار داشت و چهل بنده خدمتکار. شبی در جزیره کیش مرا به حجره خویش درآورد. همه شب نیارمید از سخن‌های پریشان گفتن، که فلان انبارم به ترکستان و فلان بضاعت به هندوستانست و این قباله فلان رمینست و فلان چیز را فلان ضمین. گاه گفتی خاطر اسکندریه دارم که هوائی خوشست. بازگفتی نه، که دریای مغرب مشوّشست. سعدیا سفری دیگرم در پیشست. اگر آن کرده شود، بقیت عمر خویش به گوشه‌ای بنشینم. گفتم آن کدام سفر است؟ گفت: گوگرد پارسی خواهم بردن به چین که شنیدم قیمتی عظیم دارد و کاسه چینی به روم آرم و دیبای رومی به هند و فولاد هندی به حلب و آبگینه حلبی به یمن و برد یمانی به پارس وزان پس ترك تجارت کنم و به دکانی بنشینم. انصاف ازین ماخولیا (مالیخولیا) چندان فروگفت که بیش طاقت گفتنش نمانده گفت ای سعدی توهم سخنی بگوی از آنها که دیده‌ای و شنیده‌ای. گفتم:

آن شنیدستی که در اقصای غور

بار سالاری بیفتاد از ستور

گفت چشم تنگ دنیا دوست را

یا قناعت پرکند، یا خاك گور

Den veed bedst hvor Skoen trykker, som har den pas.

هیچ کس از دل کسی خبر ندارد

درد هر کس در دل خودش است

که هر بیمار می‌داند در این دیر

دوای درد خود را بهتر از غیر

تاریخ نگارستان

یکی از اعیان گوید که من در روز عیدی به خانه والد خود رفتم زنی پیر، جامه کهنه‌ای پوشیده و بنزدیك مادرم نشسته در آن اثنا مادرم گفت ایشانرا می‌شناسی گفتم نه گفت عنّانه است مادر جعفر برمکی لاجرم متوجه او شدم و دیگر پرسیدم از او که مدّت الحیات از غرایب آنچه مشاهده کرده‌ای بیان فرمای گفت ای فرزند چه گویم غریب‌تر از این چه توان بود که عیدی بر من گذشت که چهار صد کنیز در خدمت من کمر بسته بودند و من با این وجود شاکر نبودم.

جامی:

شکر کن در این دیر سپنج

جز غم و درد نه بیند کله سنج

اکنون بر من عیدی میگذرد بدو پوست گوسفند که یکی را بزیر اندازم و دیگریرا بر خود پوشم...

بهارستان

شیخ ابوسعید ابوالخیر را قدسّ سِره پرسیدند که تصوف چیست؟ گفت آنچه در سر داری بنهی و آنچه در کف داری بدهی وز آنچه بر تو آید نجهی.

Det bedste er det godste fiende.

دست بالای دست بسیار است

در جهان پیل مست بسیار است

کاردانی به کشوری نبود   که از آن کاردان‌تری نبود

امیر خسرو دهلوی

جوامع‌الحکایات و لوامع‌الروایات

آورده‌اند که چون دلها از کار ضحّاك فراغ یافت و امن و امان که رفته بود تازه شد و آینه فراغت که زنگ زده بود، جلا یافت، افریدون بر تخت بنشست و بر سریر سلطنت استقرار یافت که پیش از آن کسی را از ملوك حاصل نشد. و آن اوّل روز بود از مهرماه، که اوّل وقت جوانی روزگار باشد. و خلق آن روز عیدی کردند و موسم شادی‌ها گشت و مر آن روز، مهرجان (مهرگان) خواندند، یعنی مهرجان که در ایام ظلم ضحّاك شده بود، باز آمد.

پس افریدون بر تخت سلطنت نشست و خورشید اقبال از مطلع خود طالع شد و حق در نصاب خویش قرار گرفت. معارف حَشَم و مشاهیر رعایا را استدعا فرمود، و بر قاعده خویش به ترتیب بنشاند و هر یك را به مواعید خوب مستظهر گردانید و از قهر ضحّاك ناپاك مر ایشان را تهنیت گفت و همه را به حسن رعایت و فیض عنایت خویش بشارت داد و ملك را اساسی نهاد و قواعد ظلم که در ایام ضحّاك مُمَهَّد شده بود، منهدم گردانید و کاوه و پسر او قارن را بخواند و به‌زیادت اعزاز و اکرام مخصوص گردانید. و بفرمود تا خزاین را بر وی نمودند که هرگز هیچ چشم ندیده بود و هیچ گوش نشنیده بود. و در خزاین آن دید از نفایس جواهر و اعلاق که هرگز وهم او بدان محیط نشده بود و خیال تمّنی بدان نپیوسته، و در آن میان پاره‌های لعل بود و یاقوت، چون خمر افسرده (شراب یخ زده) یا خون گره شده (خون منعقد شده) و دانه‌های مروارید در تناسب چون دندان خوبان و در تقارب چون قطره‌های باران. پس فرمان داد که آن چرم پاره که آن روز کاوه بر سر چوب کرده بود، بیاوردند و از آن جواهر نفیس در وی ترصیع فرمود و آن را به فال گرفت و عَلَمی بزرگ و رایتی شگرف ساخت و آن را درفش کاویان خواندند. و ملوك آن را عزیز داشتندی و یمن و خجستگی و فتح و پیروزی از آن داشتندی. و هر پادشاه که به جای وی بنشست، در آن زیادت تکلّف فرمود، تا به حدّی رسید که جمله مقّومان از تقویم او عاجز آمدند، تا در فتح قادسیه، که هنگام کسوف آفتاب دولت اکاسره (خسروان) بود، مردی از لشکر سعد وقاصّ آن را بگرفت و در جمله غنایم به حضرت امیرالمؤمنین عمر، رضی‌الله عنه آوردند و آن را بگشادند و بر مسلمانان قسمت کردند. و خدای‌تعالی، آن همه جواهر را روزی متابعان محمّدی گردانید.

اسرارالتوحید فی مقامات الشیخ ابی سعید

آورده‌اند که شیخ ما ابوسعید قدس‌الله روحه العزیز روزی در نیشابور بر اسب نشسته بود و جمع متصوّفه در خدمت او، به بازار فرو می‌راند. جمعی وُرنایان می‌آمدند، برهنه هر یکی اِزار پای چرمین پوشیده و یکی را بر گردن گرفته می‌آوردند. چون پیش شیخ رسیدند، شیخ پرسید که "این کیست؟" گفتند: "امیر مقامران است." شیخ او را گفت که "این امیری به چه یافتی؟" گفت: "ای شیخ، به راست باختن و پاك باختن." شیخ نعره‌ای بزد و گفت: "راست باز و پاك باز و امیر باش!"

تاریخ نگارستان

چون ابوجعفر در سنه 145 خمس و اربعین و مأة شروع در عمارت بغداد نموده خواست که طاق کسری را ویران ساخته مصالح آنرا بدانجا نقل نماید و در این باب با وزیر خود سلیمان بن خالد موریانی مشورت نمود و او صلاح در آن ندید و گفت اولا طاق کسری یکی از معجزات جناب نبوی صلی‌الله علیه و آله و سلم است و دیگر مردم خواهند گفت پادشاهی خواست که عمارت شهری کند تا عمارت دیگری را خراب نکرد نتوانست ابوجعفر گوش بر این سخن نکرده شروع در تخریب آن نمود چون دید که اسباب آن به‌خرج نقل و انهدام وفا نمی‌کند دست ازآن بازداشت وزیر گفت به‌مقتضای «الشروع ملزم ترك» صلاح نیست چه در روزگارها خواهند گفت پادشاهی ساخت و دیگری نتوانست خراب کند.

نظم:

جزای‌حسن‌عمل بین که روزگار هنوز   خراب می‌نکند بارگاه کسری را

Det er en slem Fugl som besmitter sin egen Rede.

کلاغ سر لانه خودش قارقار نمی‌کند

تف سربالا به ریش برمی‌گردد

سوی گردون تف نیاید مسلکی		تف به رویش باز گردد بی‌شکی

مولوی

شیخ اجل سعدی علیه‌الرحمه

یکی بر سر شاخ، بن مـی‌برید		خداونـد بستان نظر کرد و دیـد
بگفتا گر این مرد بد مـی‌کند		نه با من که با نفس خود می‌کند
نصیحت به جایست اگر بشنوی		ضعیفان میفکن به کتف قـوی
که فـردا به داور بود خسروی		گدائـی که پیشت نیرزد جـوی

کشکول شیخ بهائی

... بیضاوی[14]، داوری شیراز را عهده دار بود و مردی بود پارسا و پرهیزگار. وقتی، به تبریز رفت و به هنگام ورود او، جمعی از دانشمندان نشستی داشتند. قاضی در پایان مجلس نشست، چنانکه کسی متوجّه ورود او نشد. مدرّس اعتراضات فراوان وارد کرد و اظهار فخر کرد به گمان آن که هیچیك از حاضران مجلس قادر به پاسخگویی آن نیستند و چون از سخن گفتن فارغ آمد، و هیچیك از حاضران سخنی نگفتند. بیضاوی به پاسخگویی در ایستاد. استاد به او گفت: سخنت را نمی‌شنوم تا بدانم آنچه گفته‌ام فهمیده‌ای یا نه. قاضی گفت: دوست داری سخنت را به لفظ پاسخ گویم یا به معنی؟ مدّرس حیرت‌زده گفت: آن را به لفظ بازگوی! قاضی باز گفت و در ادای سخن الفاظ غلط وی را نیز به کار برد، و آن اعتراضات را پاسخهای کافی گفت. سپس، از سوی خود به ایراد اعتراض پرداخت و از مدرّس پاسخ خواست که بر آن قادر نشد. پس وزیر از مجلس برخاست و بیضاوی را نشاند و پرسید: تو کیستی؟ قاضی گفت: ناصرّالدین و درخواست منصب قضای شیراز کرد. آنچه خواست، به او داده شد و او را گرامی داشتند و خلعت بخشیدند.

[14] قاضي بيضاوي ـ نامش عبدالله بود و لقبش ناصرّالدين و كنيه‌اش ابوالخير عمر بن محمّد بن علي بيضاوي ـ و بيضا قريه ايست از توابع شيراز.

Det er ei alt guld som glimrer som guld.

هر گردوئی گرد است امّا هر گردی گردو نیست

هر درخشنده‌ای طلا نبود

* عبارت لاتین [*Non omne quod nitet aurum est*] به مفهوم «هر چه که بدرخشد طلا نیست» ریشه اصلی ضرب‌المثل می‌باشد. پس از آنکه عالم الهی فرانسه آلن دولیله *Alain de Lille* "که در زبان لاتین وی را" *Alanus de Insulis* می‌خواندند این ضرب‌المثل را در سده دوازدهم میلادی به‌کار برد، ضرب‌المثل وارد زبان فرانسه شد، و از سده هفدهم میلادی وارد ادبیات عمومی اروپاییان شد. شکسپیر در تاجر ونیزی چنین می‌سراید:

MOROCCO:
O hell! what have we here?
A carrion Death, within whose empty eye
There is a written scroll! I'll read the writing.
All that glitters is not gold;
Often have you heard that told:
Many a man his life hath sold
But my outside to behold:
Gilded tombs do worms enfold.
Had you been as wise as bold,
Young in limbs, in judgment old,
Your answer had not been inscroll'd:
Fare you well; your suit is cold.
Cold, indeed; and labour lost:
Then, farewell, heat, and welcome, frost!
Portia, adieu. I have too grieved a heart
To take a tedious leave: thus losers part.

امثال و حکم

گویند ابلهی بدین دو صفت این مثل (سرکوچک و ریش دراز نشان احمقی است) بشنید، قبضه‌ای (به اندازه چهار انگشت بسته) از ریش خویش به دست گرفته، مابقی بر شمع نهاد تا سوخته و کوتاه شود. مازاد (زیادی) بسوخت و آتش به دست او در افتاد. دست رها کرد، همه ریش مشتعل گشت و روی و لبها نیز محترق و مجروح گردید.

34

مولانا مولوی می‌فرماید

دلا نزد کسی بنشین که او از دل خبر دارد

به زیر آن درختی رو که او گلهای تر دارد

در این بازار عطاران مرو هر سو چو بیکاران

به دکان کسی بنشین که در دکان شکر دارد

ترازو گر نداری پس تو را، زو ره زند هر کس

یکی قلبی بیاراید، تو پنداری که زر دارد

تو را بر در نشاند او به طرّاری که می‌آید

تو منشین منتظر بر در، که آن خانه دو در دارد

به هر دیگی که می‌جوشد میاور کاسه و منشین

که هر دیگی که می‌جوشد درون چیزی دگر دارد

نه هر کلکی شکردارد، نه هر زیری زبر دارد

نه هر چشمی نظر دارد، نه هر بحری گهر دارد

بنال ای بلبل دستان، ازیرا ناله‌ی مستان

میان صخره و خارا اثر دارد، اثر دارد

بنه سر گر نمی‌گنجد، که اندر چشمه‌ی سوزن

اگر رشته نمی‌گنجد از آن باشد که سر دارد

چراغ است این دل بیدار، به زیر دامنش میدار

ازاین باد و هوا بگذر، هوایش شور و شر دارد

چو تو از باد بگذشتی مقیم چشمه‌ای گشتی

حریف همدمی گشتی که آبی بر جگر دارد

Det er bedre, at være ene, end at have en ond stallbroder.

با بدان کم نشین که درمانی - خوپذیر است نفس انسانی

هر که با رسوا نشیند عاقبت رسوا شود

حقّ ذات پاك اللهالصمد که بود به مار بد از یار بد
مار بد زخم ار زند بر جان زند یار بد بر جان و بر ایمان زند

مولوی

* ریشه ضربالمثل عبارت لاتین *[qui cum canibus concumbunt cum pulicibus surgent]* با مضمون، "کسی که با سگ بخوابد با (حشره) كك برمیخیزد" میباشد.

آوردهاند ... روزی سردار کبیر (جمشیدخان پسر محمدولیخان فرزند حبیباللهخان ساعدالدوله حاکم گرگان که فرمانده قوا در عهد قاجار بود) ... به رئیس پادگان گفت: هر اسب باید در چادر سرباز استراحت کند. گفتند: ممکن است بوی زنندهای در آنجا ایجاد شود. جواب داد: اشکالی ندارد اسبها عادت میکنند ... **نقل به اقتباس**

شیخ اجل سعدی علیهالرحمه

پسر نوح با بدان بنشست خاندان نبوّتش گم شد
سگ اصحاب کهف روزی چند پی نیکان گرفت و مردم شد

فرائد السلوك فی فضائل الملوك

تا بدانی کی مصادقت جهال عاقبتی وخیمدارذ و مجالستاوباش خاتمتی ذمیم چنانك حکیم گفت:

صحبت ابلهان چو دیگ تهیست کز درون خالی از برون سیهیست

جوامعالحکایات و لوامعالروایات

آوردهاند که چون ابلیس او (ضحاك) را بسته تلبیس خود دید و رنگ بیرنگ او در حق ضحاك رواجی مییافت، روزی خود را بر صورت جوانی بر وی عرضه کرد و گفت: "من مردی مطبخیم که در این علم مهارتی کامل و بصارتی شامل دارم، و انواع آباهای خوش و خوردنیهای لذیذ دانم ساخت. اگر شغل مطبخی خود به من حوالت فرمایی، من در ساختن اطعمه لطیف مشهّی ید بیضا نمایم و طعامها پیش خدمت توآرم که ذوق عمر و لذّت حیات از تناول آن بیابی و حرمان خود تا این غایت، از نعمت و دولت تو را معلوم شود." پس ضحّاك بدین تمویه و تعزیر و تلبیس بر او فریفته شد ... پس فرمود تا او را به مطبخ آوردند و کار طبخ و زینت خوان به وی باز گذاشت. و او روی به کار آورد، و در الوان آباها انواع تکلّف مینمود و بیشتر خوردنی، او، از گوشت میساخت، و کباب و مرغ و قلیه پیش او مینهاد، تا از خوردن گوشت دلش سختتر گشت و دلیری و بیباکی وی زیادت شد و اصل خبیث و نفس

فرومایه را بهانه‌ای بس باشد: "ای دوست تا گل سرشته را آبی بس."

پس ابلیس در خدمت طبخ مواظبت می‌کرد، تا روزی طعامی لذیذ پیش او آورد، چنانکه ضحّاك از آن ذوق یافت و او را محمدت گفت و فرمود که "حاجت تو چیست؟ بباید گفت تا روا کرده آید." گفت: "همگنان خدمت پادشاه از جهت مال و نعمت و حرمت کنند، من خدمت تو خاصّ، از بهر تو کنم. شرف من، قبول تو تمام هست، و حاجت من آن است که مرا اجازت دهی تا سر هر دو کتف تو ببوسم، تا سبب فخر اسلاف و ذخیره اعقاب من شود." ضحّاك او را اجازت داد ... پس ابلیس بیامد و برسر هردو کتف او بوسه [داد و] در دمید، و در حال ناپدید گشت، و ضحّاك ازآن متحیر بماند. و هم در حال، دو مار سیاه بزرگ از کتف ضحّاك سر بر کردند و او را می‌رنجانیدند و حرکت می‌کردند و ضحّاك از آن متألّم و متأذّی می‌شد، و چندانکه آن را می‌بریدند، البتّه باز برمی‌آمدند. و هر چند طبیبان و معزمان علاج می‌کردند مفید نمی‌بود، و خواب و قرار از ضحّاك برفت، تا ابلیس بر صورت طبیبی به در سرای او آمد و گفت: "من علاج این پادشاه میدانم، اگر اشارت فرماید، تقریر کنم." او را به خدمت ضحّاك درآوردند. او را گفت: "این ماران هرگز از کتف تو دور نشوند، ولکن طریقتی هست که ایشان ساکن شوند و تو را رنجه ندارند." ضحّاك گفت: "تأخیر نباید کرد و در معالجت معاجلت باید فرمود. و اگر به سعی تو این غرض حاصل آید، حق تو بر من واجب آید، و به قدر وسع در ادای شکر تو بکوشم." پس گفت: "علاج آن، مغز سر جوانان است که هرروز ایشان را طعمه دهی تا بخورند و بیارامند و تو را آسایشی بود."

ضحّاك چون این بشنید در حال بگفت تا دو جوان را از زندان بیاوردند و بکشتند و مغز سر ایشان را بیاوردند و پیش ماران افکندند. ماران چون طعمه بخوردند، بیارامیدند و قرار گرفتند، و بیش بر خود حرکت نکردند. پس ضحّاك به سبب سکون ایشان آسایش یافت و بخفت و گویند چند شبانه روز بود که بخواب نرفته بود. پس یك شبانروز تمام بخفت و چندانکه ماران گرسنه شدند و در حرکت درآمدند، بیدار شد و بفرمود تا دو جوان دیگر را بکشتند و از مغز سر ایشان ماران را غذا دادند؛ و هم چنین این قاعده مستمر شد. و هر روز دو جوان بکشتندی و غذای ماران ساختندی، چنانچه در زندان ارباب جنایات نماندند و کشته شدند. و هر روز بر شهر قسمت کردندی، و دو جوان بیگناه را به مقتل بردندی. گویند او را دو مطبخی بود: یکی را اِرمائیل نام بود و دیگر را کرمائیل، و ایشان را در طبیعت مروّتی و در دل رحمتی بود. با همدیگر گفتند: "صواب آن است که ما روز یك کس را بیش نکشیم." و گوسپندی به عوض دیگری بکشتند و در مغز سر آدمی بیامیختند و پیش ضحاك آوردند. و چون چند کس از آن جماعت که ایشان را نکشته بود جمع شدند، ایشان را هر یك گوسپندی چند بدادند و گفتند: "صواب آن است که ترك شهر گویید و در کوه و بیابانها مسکن سازید، که اگر کسی شما را ببیند، در خون ما سعی می‌کند و شما هم کشته شوید." پس آن جماعت از مردمان منقطع شدند. به نِتاج گوسفندان از شیر و جغرات و دوغ زندگانی می‌کردند، و روزگار می‌گذاشتند. و گوسفند ایشان بسیار شد و ایشان را فرزندان پدید آمد و امروز کردان از نسل ایشانند.

Det er en slem Fugl som besmitter sin egen Rede.

طشت کسی را از بام نینداز (طشت از بام افتادن کسی را)

سر بشکند در چارقد دست بشکند در آستین

کلاغ سر لانه خودش قارقار نمی‌کند

تف سربالا به ریش برمی‌گردد

ز عشقت باز طشت افتادم از بام   فرست از بام باز آن نردبان را
مولوی

چونکه دید او آن کنیزک گشت مست   پس ز بام افتاد او را نیز طشت
مولوی

* عبارت لاتین میانه [*Male ulciscitur dedecus sibi illatum, qui amputat nasum suum*] با مفهوم "تف سربالا انتقام ضعیفی است که شخص برای علت شرمندگیش می‌گیرد" ریشه ضرب‌المثل است. این ضرب‌المثل در سده دوازدهم توسط *Peter of Blois* در زبان لاتین استفاده شده است. همچنین عبارت منتسب به ناپلئون [*c'est en famille, ce n'est pas en publique, qu'on lave son linge sale*] به مفهوم «باید لباس کثیف را در میان خویشان شست نه در ملاء عام» ریشه ضرب‌المثل دانسته شده است. گفته شده است هنگامی که ناپلئون بناپارت از تبعید البا باز می‌گشت، این عبارت را به‌کار برده است[15]. عبارت لاتین میانه [*Nidos commaculans inmundus habebitur ales*] به مفهوم «پرنده‌ای که آشیانه‌اش را بیالاید کثیف است» نیز ریشه ضرب‌المثل دانسته شده است.

امثال و حکم

زانیه‌ای را به تشهیر (بنا به شهرت در انجام عمل ناشایست) سرتراشیده و باژگونه بر خری نشانده، می‌گردانیدند. زن آنگاه که زنان همسایه را میان تماشائیان دید، خشمگین و خیره در آنان نگریسته و گفت: حالا می‌توانید این را هم برای من چیزی درست کنید!

---

[15] در حالی‌که ناپلئون در سال 1815 میلادی از تبعید البا باز می‌گشت، اما اولین ارسال‌المثل مربوط به این ضرب‌المثل، در سال 1809 میلادی به‌کار رفته است.

پروین اعتصامی

لاله‌ای با نرگسی پژمرده گفت بین که ما رخسار چون افروختیم
گفت ما نیز آن متاع بی بدل شب خریدیم و سحر بفروختیم
آسمان روزی بیاموزد ترا نکته‌هایی را که ما آموختیم
خرّمی کردیم وقت خرّمی چون زمان سوختن شد سوختیم
تا سفر کردیم بر ملك وجود توشه پژمردگی آموختیم
درزی ایام زان ره می‌شکافت آنچه را زین راه ما می‌دوختیم

کشکول شیخ بهائی

... بیضاوی[16]، داوری شیراز را عهده‌دار بود و مردی بود پارسا و پرهیزگار. وقتی، به تبریز رفت و به هنگام ورود او، جمعی از دانشمندان نشستی داشتند. قاضی در پایان مجلس نشست، چنانکه کسی متوجّه ورود او نشد. مدرّس اعتراضات فراوان وارد کرد و اظهار فخر کرد به گمان آن که هیچیك از حاضران مجلس قادر به پاسخگویی آن نیستند و چون از سخن گفتن فارغ آمد، و هیچیك از حاضران سخنی نگفتند. بیضاوی به پاسخگویی در ایستاد. استاد به او گفت: سخنت را نمی‌شنوم تا بدانم آن چه گفته‌ام فهمیده‌ای یا نه. قاضی گفت: دوست داری سخنت را به لفظ پاسخ گویم یا به معنی؟ مدرّس حیرت زده گفت: آن را به لفظ بازگوی! قاضی باز گفت و در ادای سخن الفاظ غلط وی را نیز به کار برد، و آن اعتراضات را پاسخ‌های کافی گفت. سپس، از سوی خود به ایراد اعتراض پرداخت و از مدرّس پاسخ خواست که بر آن قادر نشد. پس وزیر از مجلس برخاست و بیضاوی را نشاند و پرسید: تو کیستی؟ قاضی گفت: ناصرّالدین و درخواست منصب قضای شیراز کرد. آن چه خواست، به او داده شد و او را گرامی داشتند و خلعت بخشیدند.

---

[16] قاضی بیضاوی نامش عبداله بود و لقبش ناصرّالدین و کنیه‌اش ابوالخیر عمر بن محمّد بن علی بیضاوی و بیضا قریه‌ای‌ست از توابع شیراز.

Det mål, I måler med, med skal I self få tilmålt.

بر کس مپسند آنچه تو را نیست پسند

آنچه بەخود نپسندی بەدیگران مپسند

يك سوزن بەخودت بزن يك جوالدوز بەدیگران

يك سوزن بەخودت بزن يك درفش بەدیگران

آنچه نپسندی بخود ای شیخ دین   چون پسندی با برادر ای امین
مولوی

پرده کس را مدر تا پردەات ماند به جای **جامع التمثیل**

گرد خود چون کرم پیله بر متن   بهـر خود چه میکنی اندازه کن
مولوی

* از سنسا مفهوم مشابه این ضرب‌المثل به یادگار مانده است: *If you wished to be loved, love.*

این ضرب‌المثل ریشه مذهبی دارد، اما برخی به اصالت این روایت مذهبی مشکوك هستند:

'all things whatsoever ye would that men should do to you, do ye even so to them' (Matthew, 7: 12).

مولانا مولوی می‌فرماید

آنچه تو بر خود روا داری همان   می بکن از نیک و از بد با کسان بر
وآنچه نپسندی بەخود از نفع و ضر   کسی مپسند هم ای بی هنر

جوامع‌الحکایات و لوامع‌الروایات

وقتی میان ناصبیی و شیعیی مناظره رفت. ناصبی مر شیعی را گفت که عایشه را، رضی‌الله عنها، دوست می‌داری؟ شیعی گفت: با دوست داشتن حرم پیغمبر مرا چه کار؟ تو روا داری که من زن تو را دوست دارم؟ گفت: نی گفت: پس چیزی که بر خود روا نمی‌داری و نمی‌پسندی بر پیغمبر خدای چرا پسندی؟!

تاریخ نگارستان

مشهور است که جعفر دوانقی از دولتخواهی پرسید که بی‌تکلف در پسرم مهدی چه عیب می‌بینی تا او را از آن منع کنم جواب داد که منقصتی (عیبی) ندارد جز آنکه در دلها محبوب نیست جعفر تدبیری کرده املاك بسیار از ملاك بستد و در آن مواد قبالات و اسناد گرفته تنها در خزانه نهاد و زمان مرگ به فرزند وصیت کرد که آنها را نظر بر صلاح حال تو از مردم گرفته‌ام وظیفه آنکه به صاحبان رد کنی تا محبوب مردمان و سرور جهانیان گردی که گفته‌اند:

بیت:

تو جهدکن‌که‌کنی‌جای‌خویش‌در دل هر کس   که دل نظرگه حق است تا در آن نظر افتی

ز عرش در افتی به‌کنج چاه ملامت   هزار بار از آن به که از دلی به‌در افتی

کلیله و دمنه

... زاهد(ی) شبانگاه بشهر رسید جائی جست که پای افزار بگشاید، حالی خانه زنی بدکاری مهیا شد، و آن زن، کنیزکان آنکاره داشت و یکی از آن کنیزکان که در جمال رشك عروسان خلد بود، ماهتاب از بناگوش او نور دزدیدی و آفتاب پیش رخش سجده بردی ... ببرنائی نو خط آشوب زنان و فتنه مردان بلند بالای باریك میان چست سخن نغز بذله قوی ترکیب.

چنان کس کش اندر طبایع اثر   ز گرمی و تری بود بیشتر

مفتون شده بود و البته نگذاشتی که دیگر حریفان گرد او گشتندی.

چشمی که ترا دیده بود ای دلبر   پس چون نگرد به روی معشوق دگر؟

زن از قصور دخل می‌جوشید و بر کنیزك بس نمی‌آمد (نمی‌توانست او را مطیع خود کند) که حجاب حیا از میان برداشته بود و جان برکف دست نهاده. بضرورت در حیلت ایستاد تا برنا را هلاك کند، و این شب که زاهد نزول کرد تدبیر آن ساخته بود و فرصت آن نگاه داشته، و شرابهای گران در ایشان پیموده تا هر دو مستان شدند و درگشتند. چون هر دو را خواب در ربود قدری زهر در ماسوره‌ای (نی‌کوتاه) نهاد، و یك سرِ ماسوره در اسافل (ماتحت) برنا براشت و دیگر سر در دهان گرفت تا زهر در وی دمد، پیش از آنکه دم برآورد بادی از خفته جدا شد و زهر تمام در حلق زن بپراگند. زن برجای سرد شد. و از گزاف نگفته‌اند. جزاءَ مقبّل الاستِ الضُّراط[17] ...

---

[17] سزای بوسه دهنده بر دبر تیز باشد. سنائی گوید:

بوسه بر لب دهی شکر یابی   بوسه بر ك... دهی چه یابی؟ تیز

Det stille Vand Har den dybe grund.[18]

از آن نترس که های و هو دارد از آن بترس که سر به تو دارد

لطائف‌الطوائف

مردی بود ظریف و هزّال و قرض بسیار برو جمع شده بود، غریمان (جمع وامخواه) برو ازدحام کردند و او را در کشاکش آوردند، بیچاره شد و ندانست که چه کند، غریمی برو رحم کرد و در خلوت او را گفت، اگر من ترا حیلتی آموزم که همه غریمان ترا واگذارند و بروند چه می‌گوئی؟ گفت هر چه فرمایی به جان ایستادگی دارم، گفت شرط کن که قرض مرا بازدهی، قبول کرد. گفت چون قرض‌خواهی نزد تو آید و زر طلبد، تو بر روی او بانگ سگ کن، و باید که غیر از این فعلی از تو صادر نشود، هزّال آن را قبول کرد. چون روز دیگر قرض‌خواهان هجوم کردند، هر کدام که پیش آمدند و زر طلبیدند، او در برابر ایشان عف‌عف می‌زد، هر چند او را ملامت کردند، غیر از این آوازی ازو برنیامد، آخر غریمان با هم گفتند دماغ او از جهت افلاس خلل پیدا کرده و ازو حاصلی نیست، او را گذاشتند و رفتند. بعد از رفتن ایشان آن غریم که او را این حیلت آموخت، آمد و گفت دیدی که چون غریمان از سر تو باز شدند؟ اکنون بیا و به شرط خود وفا کن و زر مرا بده، او در برابر غریم آواز عف‌عف کرد، غریم گفت شرمت باد که با من حیله مرا پیش می‌بری، هزل را بگذار و زر مرا بده. باز عف‌عف آغاز کرد، هر چند آن مرد به لطف و عنف به او گفت، جز عف‌عف چیزی نشنید آخر او نیز ناامید شده آن هزّال را گذاشت و برفت.

---

[18] نگاه کنید به:

Stille vand har den dybe grunde.

Du har nok af Munden, Og lidt af Ulden.

صد کار با خدا راست می‌آید، یکی با بنده نه

آفتابه لگن شش دست شام و نهار هیچ چیز

واعظ پرحرف راشهد عمل‌درظرف نیست
هرکه شد پرحرف، کم ظرف است، حرفش حرف نیست

دستور الکاتب

... چون پادشاهی مملکتی را مسخّر کند یا امیری و حاکمی بامارت و حکومت ولایتی رود، اهالی آنجا جهت عرض مهمّات متوجه او شوند و هر یك مطلوب خود را در هر کسوت که متضّمن مصلحت خود دانند بعرض رسانند، و در میان این طوایف مردم فضول مفسد که خود را بزّی (در لباس) صلحا و لباس علما برآرند، بی‌نهایت باشند و هر کس از ایشان خواهند که خود را استحقاق عارفه‌یی باظهار رسانند که در واقع چنان نباشد و ادراکات و انعامات زیادت از حدّ خود طلبند تا با علام قضیه‌یی که موافق طباع اکفر اکابر باشد خود را در پیش اندازند و مقرّب و ایناق سازند و بوقاحت و جلادت صاحب منصبی شوند و بدان واسطه برخلق خدای تعدّی و تطاول نمایند...

Du skal kravle, før du kan gå.

همین را که زاییده‌ای بزرگ کن

قاچ زین را بگیر نیفتی، اسبدوانی پیشکشت

کار زمین را ساختی، به آسمان پرداختی؟

مباشید با من بدین رزمگاه   اگر سر دهم گر ستانم کلاه

حکیم فردوسی

مقامات حمیدی

با دل گفتم چو در حضر شادنه‌ای   خداوند بستان نظر کرد و دید

در تجربه‌های دهر، استادان را   شاگردی کن کنون که استاد نه‌ای

من آنگه عنان باز پیچم ز راه   که یا سر نهم یا ستانم کلاه

حکیم نظامی

چهار مقاله

هم از ملوك آل سامان امیر منصور بن نوح بن نصر را عارضه افتاد که مزمن گشت و بر جای بماند و اطّبا درآن معالجت عاجز ماندند امیر منصور کس فرستاد و محمد بن زکریا رازی را بخواند بدین معالجت او بیامد تا بآموی و چون بکنار جیحون رسید و جیحون بدید گفت من در کشتی ننشینم قال‌الله تعالی وَ لاتُلْقُوا بِاَیدیکُمْ اِلی التَّهْلُکَةِ خدای تعالی می‌گوید که خویشتن را بدست خویشتن در تهلکه میندازید و نیز همانا که از حکمت نباشد باختیار در چنین مهلکه نشستن و تا کس امیر ببخارا رفت و بازآمد او کتاب منصوری تصنیف کرد و بدست آن‌کس بفرستاد و گفت من این کتابم و ازین کتاب مقصود تو بحاصل است بمن حاجتی نیست چون کتاب بامیر رسید رنجور شد پس هزار دینار بفرستاد و اسب خاصّ و ساخت و گفت همه رفقی بکنید اگر سود ندارد دست و پای او ببندید و در کشتی نشانید و بگذرانید چنان کردند و خواهش باو در نگرفت دست و پای او ببستند و در کشتی نشاندند و بگذرانیدند و آنگه دست و پای او باز کردند و جنیبت با ساخت در پیش کشیدند و او خوش طبع پای در اسب گردانید و روی ببخارا نهاد سئوال کردند که ما ترسیدیم که چون از آب بگذریم و تو را بگشاییم با ما خصومت کنی نکردی و تو را ضَجِر و دلتنگ ندیدیم گفت من دانم که در سال بیست هزار کس از جیحون بگذرند و غرق نشوند و من هم نشوم ولیکن ممکن است که شوم و چون غرق شوم تا دامن قیامت گویند ابله مردی بود محمّد زکریا که باختیار در کشتی نشست تا غرق شد و از جمله ملومان باشم نه از جمله معذوران ...

Du skal nog få kärligheden at föle.

خیر در خانه صاحبش را می‌شناسد

خوبی گم نشود

خانه خود را شناسد خود دعا

تو به نام هر که خواهی کن ثنا

مولوی

شیخ اجل سعدی علیه‌الرحمه

با طایفه بزرگان به کشتی درنشسته بودم. زورقی پی ماغرق شد، دو برادر به گردابی درافتادند. یکی از بزرگان گفت ملاّح را که بگیر این دوانرا که به هر یکی پنجاه دینارت دهم. ملاّح درآب افتاد و تا یکی را برهانید، آن دگر هلاك شد. گفتم بقیت عمرش نمانده بود، ازین سبب درگرفتن او تأخیر کرد و در آن دگر تعجیل. ملاّح بخندید و گفت آنچه تو گفتی یقین است و دگر میل خاطر به رهانیدن این بیشتر بود، که وقتی در بیابانی مانده بودم و مرا بر شتری نشانده وز دست آن دگر تازیانه‌ای خورده‌ام در طفلی. گفتم صدقَ‌الله مَنْ عَمِلَ صالِحاً فَلِنَفْسِهِ وَ مَنْ اَساءَ فَعَلَیها.

تا توانی درون کس مخراش کاندرین راه خارها باشد
کار درویش مستمند بر آر که ترا نیز کارها باشد

Eder og aeg är snart brudne.

هزار وعده خوبان یکی وفا نکند

تو می‌گوئی که زین پس من وفا ورزم بلی خوبان
بگویند این حکایت‌ها و نتوانند می‌دانم **اوحدی**

لطائف‌الطوائف

مردی پیش طبیبی ابله رفت که مرا دارویی ده که دستی چند شکم من براند که قبض عظیم دارم. طبیب حبّی به وی داد و مریض آن حبّ را اختیار کرد، و صد دست شکمش اجابت نمود، و بعد از آن بمرد. خویشان او آمدند و طبیب را گرفتند که پیش قاضی و حاکم برند، گفت شما را چه می‌شود؟ گفتند دارویی بخورد کس ما داده‌یی که صد دست شکمش رفته و بعد از آن مرده است، طبیب گفت گناه او بود، والله اگر نمی‌مرد دویست دست کار می‌کرد.

Een skalk ska man fange med en anden.

دزد چون شحنه شود امن کند عالم را

وليكن من ترا زان برگزيدم   كجا از زيركان ايدون شنيدم

چو چيز خويش بر دزدان سيارى   از ايشان بيش يابى استوارى

ويس و رامين

* عبارت يونانى [φωοὸς δ᾽ ἴχνια φῶο ἔμαθον] با مضمون "دزد هستم و حيله‌هاى يك دزد را مى‌دانم" ريشه ضرب‌المثل مى‌باشد. اين عبارت را *Callimachus* رساله *Epigram* به‌كار برده است.

جوامع‌الحكايات و لوامع‌الروايات

آورده‌اند كه در شهرى از خراسان سرايى بود كه بازرگانان اموال و قماش خود آنجا نهادندى، و در ميان آن كاروانسراى چاهى بود. يكى از دزدان بى‌باك و عيار پيشگان در جوار آن كاروانسراى خانه‌اى به كرا گرفت (اجاره كرد)، و از آنجا نقبى بدان چاه برد، و شبى فرصت طلبيد و از آن چاه بر آمد و در خانه رفت و جامه و نقود بسيار ببرد و مالى تمام برداشت، و از راه چاه به خانه برد. روز ديگر خداوندان مال در خانه رفت و جامه و نقود بسيار ببرد و مالى تمام برداشت، و از راه چاه به خانه برد. روز ديگر خداوندان مال در خانه بگشادند و از آن مال نشانه نديدند؛ جامه بر خود بدريد و در اضطراب آمد. هم در ساعت به شهر انها كردند. معتمدان والى بيامدند و احتياط كردند و در آنجا نقبى نديدند. متيقن شدند كه مگر سرايبان خيانتى كرده است. در ساعت او را بگرفتند و در مطالبه كشيدند. بيچاره فرياد مى‌كرد كه "من از اين خيانت مبرايم" وبه سخن او التفات نكردند. آن دزد آمده بود و در ميان مردم ايستاده و نظاره مى‌كرد. چون تضرّع و اضطراب آن مرد بديد، بر وى رقّت آورد، گفت: اين مرد از خيانت مبرّاست و هيچكس از آنجا برون نبرده است. گفتند: پس كجاست؟ گفت: هم در اين چاه است و اين كار من كرده‌ام و اگر خواهيد به چاه فرو روم و مال برآورم. رسنى در ميان خود بنديد تا من فرو روم و مال بر بالا فرستم. رسن در ميان وى بستند. او به چاه فرو رفت و رسن از ميان خود بگشاد و از راه نقب برون رفت. و ايشان چون ساعتى دير انتظار كشيدند، هيچ كس بر نيامد. دست از آن بيچاره بداشتند و چندانكه دزد را جستند نيافتند، و به كمال پردلى مال ببرد و بيگناهى را از دست بلا خلاص داد. والسّلام.

لطائف‌الطوائف

دزدى به خانه‌يى رفت هيچ نيافت. ناگاه در گوشه خانه قدرى آهك ديد پنداشت كه آردست، دستار خود را در ميان خانه پهن ساخت و رفت كه دامنى آرد بياورد و در دستار ريزد. در آن محلّ صاحب‌خانه حاضر بود دستارش بدزديد، و دزد آنجا ديد كه آهكست نه آرد، برگشت كه دستار فراهم آورد ديد كه دستار را برده‌اند. قدم نهاد كه از خانه به در آيد صاحب‌خانه فرياد بر كشيد كه دزد بگيريد. دزد روى واپس كرد و گفت تو خود انصاف ده كه دزد كيست؟

47

حکیم سنایی

آن شنیدی که در دهی، پیری
خورد ناگه، ز شحنه‌ای تیری

رفت در پیش قاضی آن‌درویش
گفت: بنگر مرا چه آمد پیش

شحنه سر مست بود در میدان
تیری افکند و زد مرا بر جان

قاضی اورا بگفت از سر خشم
قلتبانا، نگه نداری چشم

تیر شحنه به خون بیالودی
تا مرا درد سر بیفزودی

جفت گاوت به شحنه‌ی ده، ده
وز چنین دردسر به نفس بِجِه

تا دل شحنه بر تو گردد خوش
ورنه اندر زند به جان آتش

گفت: گشتم به حکم تو راضی
چون بود خصم شحنه و قاضی

ای ملک سیرت ملك سیما
ملك دنیا تو راست درد و دوا

زین چنین قاضیان هرزه‌درای
خلق را گوش کن ز بهر خدای

Een Svale gør ingen Sommer.

با يك گل بهار نشود

از يك پرستو تابستان نشود

عبدالرحمن جامی

بالا نرود صدا ز يك دست　　　گفتند در این سراچة پست

نبود به صدا دهی، سزاوار　　　تا دست دگر نسازیش یار

خودگو که چسان شود ترازو؟　　　تا جفت نگرددش دو بازو

En Bonde bliver Bonde, sov ban end paa silke bolster.

خر ار جل ز اطلس بپوشد خر است

سگ نیز با قلاده زرین همان سگ است

خر عیسی گرش به مکّه برند   چون بیاید هنوز خر باشد **سعدی**

* عبارت یونانی *[πίθηχος ὄ πίθηχος . . χάν χουσέα έχη σύμβολα]* به مفهوم «میمون اگر نشان طلائی هم داشته باشد، میمون است» که از سده دوم میلادی در زبان یونانی به‌کار می‌رود، ریشه ضرب‌المثل می‌باشد. صورت لاتین *[simia simia est, etiamsi aurea gestet insignia]* ضرب‌المثل را ارا سموس به‌کار برده است. *ERASMUS Adages I. vii.*

خواجه نظام‌الدین عبید زاکانی

از بهر روز عید سلطان محمود خلعت هر کسی تعیین میکرد. چون بطلحك رسید فرمود که پالانی بیاورید و بدو بدهید. چنان کردند. چون مردم خلعت پوشیدند، طلحك آن پالان در دوش گرفت و بمجلس سلطان آمد. گفت ای بزرگان عنایت سلطان در حق من بنده از اینجا معلوم کنید که شما همه را خلعت از خزانه فرمود دادن و جامه خاص از تن خود بر کند و در من پوشانید.

ریشه‌های تاریخی امثال و حکم

شاعر هندی‌الاصل فارسی زبان موسوم به چندربهان برهمن که منشی شاهزاده دارا شکوه فرزند شاه‌جهان بوده و در حدود 1070 هجری در بنارس درگذشته است در نظم و نثر فارسی دستی توانا داشته و چهار چمن یا به نام دیگر منشآت برهمن از تألیفات اوست. شادروان علی اصغر حکمت حکایت می‌کند که: «روزی شاهزاده دارا شکوه چندربهان را به حضور پدر خود شاه‌جهان آورده شاه به او فرمود: «از اشعار خود چیزی بخوان.» برهمن گفت:

مرا دلیست به کفر آشنا که چندین بار
به مکه بردم و بازش برهمن آوردم

پادشاه را خوش نیامد و گفت: «آیا کسی بتواند که جواب این کافر را بگوید؟» یکی از وزرا گفت جواب او را شیخ سعدی فرموده است:

خر عیسی گرش به مکّه برند
چون بیاید هنوز خر باشد

En hest snubler, og har dog fire ben.

انسان جایز الخطاست

الانسان محل السهو والنسیان

آدمیزاد شیر خام خورده است

آرزوهایی که دل در دیگ فکرت می‌پزد   چون نباشد خام، شیر خام آدم خورده‌است

صائب

* عبارت لاتین *[Errare humanum est]* به مفهوم "بشر برای خطاست" ریشه ضرب‌المثل است. ضرب‌المثل اصلی به آشیلوس نویسنده یونانی سده ششم پیش از میلاد مشهور به "پدر تراژدی" منتسب است. گفته شده است وی به همراه برادرش در جنگ ماراتن علیه ایران شرکت داشته و اولین داستان حماسی وی که در کوشك محل اقامت مادر خشایارشاه اتفاق افتاد درباره جنگ سالامیس است که آشیلوس در آن جنگیده بود و"پارس‌ها" نام دارد. اوریپید یکی دیگر از ادیبان یونان نیز در سده پنجم پیش از میلاد به این ضرب‌المثل اشاره کرده است.

قصص العلماء

و در سالی شیخ جعفر (نجفی کاشف الغطاء) را گذار بشهر رشت افتاد، خواستند نماز را با آن جناب بجماعت گزارند، مساجد موجوده در شهر کم وسعت بود و وفا به جمعیت ننمود. پس در میدانی که دارند همه اهل شهر جمع شدند و بعد از نماز از شیخ خواهش نمودند که مواعظ کند. شیخ فرمود که من فارسی را خوب نمی‌دانم، پس اصرار را از حد گذرانیدند. شیخ بر منبر آمد و باین عبارت فرمود که: "ایها الناس شما همه می‌میرید، شیخ هم می‌میرد، پس فکر روز پسین نمائید. ایها الناس رشت شما مثل بهشت است، چه در بهشت قصور است و در شهر رشت نیز قصور عالیه و بوستانهائی که دارای نهرهاست و در بهشت حورالعین که در نهایت حسن و جمالند وجود دارند. زنان رشت نیز مانند حورالعین باشند، در کمال وجاهت، و در بهشت غلمان باشند، همچنین است در رشت. و در بهشت تکلیف از نماز و روزه و سایر عبادات برداشته است و همچنین است در رشت که نماز و روزه و عبادات دیگر بالکلیه برداشته است ..."

جوامع‌الحکایات و لوامع‌الروایات

آورده‌اند که هشام عبدالملك بر یکی از خدّام خود خشم گرفته بود و آن بیچاره پیش او ایستاده بود و در مقام اعتذار و استغفار، سخنان خوب می‌گفت و در استخلاص خود سخنان دلپذیر می‌پرداخت. هشام بانگ بر وی زد و گفت: هنوز سخن می‌گویی و در موقف عقوبت من ایستاده، فصاحت عرضه می‌کنی؟ آن مرد گفت: یا امیر، با چندین جرم که بندگان را باشد؛ آفریدگار می‌فرماید که در روز قیامت هر کس سخن خود مستوفی، چنانکه خواهند، با من بگویند؛ چنانکه قرآن خبر می‌دهد: یوم تَأْتی کُلُّ نَفْسٍ تُجادِلُ عَنْ نَفْسِها[19] مجرمان با خدای، عزّوجّل، در چنان روزی سخن می‌توانند گفت، و عذر خود عرضه می‌توانند داشت، چرا باید که با تو سخن نتوان گفت؟ خشم او بدین سخن کم شد و او را آزاد کرد.

---

[19] اشاره به آیه: یوْمَ تَأْتِی کُلُّ نَفْسٍ تُجَادِلُ عَن نَّفْسِهَا وَتُوَفَّی کُلُّ نَفْسٍ مَّا عَمِلَتْ وُهُمْ لاَ یظْلَمُونَ النحل: آیه 113).

Enhver er sin egen lykkes smed.

بدست من و تواست نیك اختری ـ اگر بد نجوئیم نیك اختریم

هر کس معمار سرنوشت خویش است

تو چون خود کنی اختر خویش را بد　　　مدار از فلك چشم نیك اختری را

ناصر خسرو

* ریشه اصلی ضرب‌المثل، از عبارت لاتین

[*Sed res docuit id verum esse, quod in carminibus Appius ait, fabrum esse suae quemque fortunae*]

به مفهوم "اما تجربه نشان داده است آنچه آپیوس *Appius* در اشعارش گفته، حقیقت است، که هر انسانی معمار سرنوشت خویش می‌باشد" اقتباس شده است. *PSEUDO – SALLUST Ad Caesarem Senem i*

شیخ اجل سعدی علیه‌الرحمه

یکی را از ملوك عجم حکایت کنند که دست تطاول به مال رعیت دراز کرده بود و جور و اذیت آغاز کرده، تا به جایی که خلق از مکاید فعلش به جهان برفتند و از کُربت جورش راه غربت گرفتند. چون رعیت کم شد، ارتفاع ولایت نقصان پذیرفت و خزانه تهی ماند و دشمنان زور آوردند.

هر که فریادرس روز مصیبت خواهد　　　گو در ایامّ سلامت به جوانمردی کوش

بنده حلقه بگوش ار ننوازی، برود　　　لطف‌کن لطف، که بیگانه شودحلقه بگوش

باری به مجلس او در، کتاب شاهنامه همی خواندند، در زوال مملکت ضحّاك و عهد فریدون. وزیر ملك را پرسید هیچ توان دانستن که فریدون که گنج و ملك و حشم نداشت چگونه براو مملکت مقرّر شد؟ گفت آنچنان که شنیدی خلقی براو به تعصّب گرد آمدند و تقویت کردند و پادشاهی یافت. گفت ای ملك چو گرد آمدن خلقی موجب پادشاهیست، تو مر خلق را پریشان برای چه می‌کنی، مگر سر پادشاهی کردن نداری؟

همان به که لشکر به جان پروری　　　که سلطان به لشکر کند سروری

ملك گفت موجب گرد آمدن سپاه و رعیت چه باشد؟ گفت پادشه را کرم باید، تا بر او گرد آیند و رحمت، تا درپناه دولتش ایمن نشینند و ترا این هر دو نیست.

نکند جور پیشه سلطانی　　　که نیاید ز گرگ چوپانی

پادشاهی که طرح ظلم افکند　　　پای دیوار ملك خویش بکند

ملك را پند وزیر ناصح موافق طبع مخالف نیامد، روی ازین سخن درهم کشید و به زندانش فرستاد، بسی برنیامد که بنی عمّ سلطان به منازعت خاستند و ملك پدر خواستند. قومی که از دست تطاول او به جان آمده بودند و پریشان شده، بر ایشان گردآمدند و تقویت کردند تا ملك از تصرّف این بدر رفت و بر آنان مقرّر شد.

پادشاهی کو روا دارد ستم بر زیر دست　　　دوستدارش روز سختی دشمن زور آور ست

با رعیت صلح‌کن، وز جنگ خصم ایمن نشین　　　زآنکه شاهنشاه عادل را رعیت لشکر است

En rig Bonde Kjender ikke sine Slaegtninge.[20]

نان گندم شکم پولادین می‌خواهد

ندید بدید وقتی که دید بخودش چید

خاردان آن را که خرما دیده‌ای
زانکه بس نان کور و بس نادیده‌ای
مولوی

زر خرد را واله و شیدا کند
خاصه مفلس را که خوش رسوا کند
مولوی

شیخ اجل سعدی علیه‌الرحمه

موسی علیه السلام درویشی را دید از برهنگی به ریگ اندر شده، گفت ای موسی دعا کن که خدا عزّوجلّ مرا کفافی دهد که از بی‌طاقتی به جان آمدم. موسی دعا کرد و برفت. پس از چند روز که باز آمد از مناجات، مرد را دید گرفتار و خلقی انبوه بر او گرد آمده. گفت این چه حالتست؟ گفت خمر خورده و عربده کرده و کسی را کشته، اکنون به قصاص فرموده‌اند و لطیفان گفته‌اند:

گربه مسکین اگر پرداشتی   تخم گنجشك از جهان برداشتی
عاجـز باشد که دست قـوت یابـد   برخیـزد و دست عاجزان برتابـد

امثال و حکم

روباهی بر دم اشتری آویخته می‌رفت. یکی از آشنایان که این صورت عجیب بدید از روباه پرسید رفیق این چه حالت است. روباه گفت: مرا برفاقت نام مبر چه با بزرگان پیوند کرده‌ام.

[20] *En rig Bonde Kender ikke sine Slaegtninge.*

En Skilling er i Tide saa god som en Daler.

یك سال بخورنان و تره، هر سال بخور نان و کره

قناعت توانگر کند مرد را

ابلهی کو روز روشن شمع کافوری نهد   زود باشد کش به شب نماند در چراغ

سعدی

شیخ اجل سعدی علیه‌الرحمه

یکی پر طمع پیش خوارزمشاه   شنیدم که شد بامدادی پگاه
چو دیدش بخدمت دو تا گشت و راست   دگر روی برخاك مالید و خاست
پسر گفتش: ای بابك نامجوی   یکی مشکلم را جوابی بگوی
نگفتی که قبله‌ست سوی حجاز   چرا کردی امروز ازین سو نماز؟
مبر طاعت نفس شهوت پرست   که هر ساعتش قبله دیگرست
مبر، ای برادر، بفرمانش دست   که هر کس که فرمان نبردش برست
قناعت سرافرازد، ای مرد هوش   سرپر طمع برنیاید زدوش
طمع آبروی توقّر بریخت   برای جوی دامنی در بریخت
چو سیراب خواهی شدن زآب جوی   چرا ریزی از بهر برف آبروی
مگر از تنّعم شکیبا شوی   و گرنه ضرورت بدرها شوی
برو خواجه کوتاه کن دست آز   چه می‌بایدت زآستین دراز؟
کسی را که درج طمع در نوشت   نباید بکس عبد و چاکر نوشت
توقع براند زهر مجلست   بران از خودش تا نراند کست

Ethvert kart må stå på sin egen bund.

پا را به اندازه گلیم دراز کن

پایت را به اندازه گلیمت دراز کن

پا ز حدّ خویشتن بیرون نمی‌باید نهاد

لقمه به اندازه دهانت بردار

حافظ نه حدّ ماست چنین لاف ها زدن پای از گلیم خویش چرا بیشتر کشیم **خواجه حافظ**

بدان خود را میان انجمن جای
مکش بیش از گلیم خویشتن پای
ناصر خسرو

لقمه اندازه خور ای مرد حریص گر چه باشد لقمه حلوا و خبیص **مولوی**

فیه ما فیه

روزی جلال الدین (مولانا مولوی) با جمع مریدان، سوار بر اسب، از بازار قونیه می‌گذشت. درویشی ندا کرد که: مولانا، مرا سئوالی است. گفت: بازگوی تا به جواب آن، همه بهره گیرند. گفت: محمّد برتر بود یا بایزید؟ مولانا گفت: این چه جای سؤال است؟ که بایزید از امّت محمّد بود و مقام سلطانی از تاج پیروی احمد داشت. درویش گفت: چون است که محمد با حقّ گفت: ما عرفناك حق معرفتك – تو را چنانچه شایسته مقام توست نشناختم؟ و بایزید گفت:

نیست اندر جبّه ام الاّ خدا چند جویی در زمین و در سما؟

مولانا فروماند و گفت: درویش، تو خود برگوی. گفت: اختلاف در ظرفیت است که محمد را گنجایش بیکران بود: هر چه از شراب معرفت در جام او می‌ریختند همچنان خمار بود و جامی دیگر طلب می‌کرد. امّا بایزید به جامی مست شد و نعره برآورد: شگفتا که مرا چه مقام و منزلتی است! سبحانی ما اعظم شأنی!

لطائف‌الطوائف

روزی حکیم انوری در بازار بلخ میگذشت هنگامه‌یی دید، پیش رفت و سری در میان کرد، مردی دید که ایستاده و قصائد انوری به نام خود میخواند، و مردم او را تحسین میکردند، انوری پیش رفت و گفت ای مرد این اشعار کیست که میخوانی؟ گفت اشعار انوری، گفت تو انوری را می‌شناسی؟ گفت چه میگوئی انوری منم، انوری بخندید و گفت شعر دزد شنیده بودم اما شاعر دزد ندیده بودم.

مقامات حمیدی

...هر که پای از دایره سلامت و خط استقامت بیرون نهد بار ملامت و بند غرامت او را بباید کشید و این آن سخن است که حکما گفته‌اند که چون پا از دامن گلیم بگذرد سرمای دی و بهمنش بفسرد که حد حریم بر قد گلیم مرد است. هر پای که در راه ارادت آید و از حد گلیم زیادت بندش کنند و بحمّالی آهن و پولاد خرسند.

فیه ما فیه

روستایی به شهر آمد و مهمان شهری شد. شهری او را حلوا آورد و روستایی با اشتها بخورد آن را، گفت: ای شهری، من شب و روز به گزَر خوردن آموخته بودم، این ساعت طعم حلوا چشیدم، لذت گزر از چشمم افتاد. اکنون هر باری حلوا نخواهم یافتن، و آنچه داشتم بر دلم سرد شد. چه چاره کنم؟ چون روستایی حلوا چشید، بعد از این میل شهر کند؛ زیرا شهری دلش را برد؛ ناچار در پی دل بیاید.

ای خدای بی‌نظیر ایثار کن — گوش را چون بهره دادی زین سخن
چون به ما بویی رسانیدی ازین — در مبند این مشگ را، ای ربّ دین
گوش ما گیر و بدان مجلس کشان — کز شرابت سرخوشند آن می‌کشان

تاریخ طبرستان و رویان و مازندران

ذکر واقعه امیر مسعود سربدال (سربدار) و توجه او بجانب مازندران. چون در تاریخ اربع و ثلثین و سبعمائه (734) سلطان سعید ابوسعید بهادرخان که خاتم سلاطین چنگیزی بوده و سلطنت ایران بدو مسلم و مفوض از سرای فنا بدارالبقا رحلت نمود، الحق هیچ پادشاهی را در هیچ قرنی این یمن و برکت نبود که او را بود..... غرض آنکه بعد از وفات سلطان سعید مذکور در اطراف عالم آشوب و فتنه پیدا شد و هر کس از گوشه دست برآوردند و سری برکشیدند و پا از اندازه گلیم خود بیرون نهادند و مملکتی را بقدر استعداد خود فرو گرفتند، ...

Freden foder, Krigen oder.

آری به اتفاق جهان می‌توان گرفت

آب به آب می‌خورد، زور برمی‌دارد

حسنت به اتفاق ملاحت جهان گرفت
آری به اتفاق جهان می‌توان گرفت
خواجه حافظ

* عبارت یونانی *[συμφεοτή δ' άοετή πέλει άνδοών χαί μάλα λυγοών]* به‌مفهوم «حتی ضعیف نیز در اتّحاد دارای قدرت می‌شود» که به هومر منسوب است، ریشه ضرب‌المثل می‌باشد و در زبان لاتین به‌شکل *"vis unita fortior"* به مفهوم «قدرت اتحّاد قوی‌تر است» در آمده و سپس به زبان‌های دیگر اروپایی از جمله زبان پرتغالی راه یافته است. از عبارت یونانی *Ισχύς εν τη ενώσει* نیز به عنوان ریشه ضرب‌المثل یاد شده است.
Homer Illiad XIII. 237

فارسنامه ابن بلخی

... او را از بهر آن شاپور ذوالاکتاف گفتندی که چون طفل بود، از همه اطراف مفسدان دست برآورده بودند، و بر خصوص عرب دست‌درازی بیشتر می‌کردند. و چون به حد بلوغ رسید، ... بزرگان لشکر را جمع کرد و وزیران را گفت: مرا تا این غایت، از نارفتن به جهاد مفسدان، عذر آن بود که به زاد کوچك بودم و قوت سلاح برداشتن و جنگ کردن نداشتم؛ اکنون به حد بلوغ رسیدم و عذری نماند. وقت رنج کشیدن و جهان گشادن و قمع مفسدان آمد. چه، کوشش پاسبان دولت است؛ و تا رنج نکشند، آسانی نیابند؛ و آغاز به جهاد عرب خواهم کردن، که به ما نزدیکترند و فساد ایشان بیشتر است. همگان بر وی ثنا گفتند و آفرین کردند، و گفتند: ما بندگان و فرمانبردارانیم و هر چه شاهنشاه فرماید، آن کنیم؛ و همانا چنان صوابتر که بندگان را به پیکار فرستد و خود در مملکت و مقر عز خویش می‌باشد. جواب داد که: مثل پادشاه مثل سر است، و مثل لشکر مثل تن؛ و همچنانکه، تن بی سر به کار نیاید، لشکر بی‌پادشاه کار را پیش نتواند برد؛ و این مهم که من پیش می‌گیرم، لشکرها را با خویشتن نخواهم بردن، جز اندکی، و بنه و تجمل پادشاهی برنخواهم داشت، تا عرب، که محل ایشان محل سگان باشد، صورت نبندند که به پیکار ایشان می‌رویم؛ بل، بر سبیل نخچیر برخواهم نشست. باید که فردا به میدان آیند تا آن را که خواهم با خویشتن ببرم. روز دیگر به میدان باستادند و یکهزار سوار، مردان معروف، همه اصفهبدان و سراهنگان و سرلشکر جدا کرد و گفت: باید که شما هر یك مردی را از خویشان خویش اختیار کنید که به سلاحداری بیاید، به شرط آنکه مردانه باشد؛ و یك مرد که جنیبت کشد و هم مردانه باشد؛ و دیگران، از خیل و حشم، اینجا پیش وزیران باشند. و برین سان، سه هزار مرد مبارز جریده با خود برنشاند،

چنانکه یکهزار سوار مقدمان و معروفان لشکر بودند پوشیده، و یکهزار سوار مبارز سلاح خویشتن و از آن این مقدمان داشتند؛ و یکهزار سوار مردانه، هر یکی دو جنیبت می‌کشیدند. و تاختن برد تا به عرب رسید که سرحدهای پارس و خوزستان داشتند. و این مقدمان را گفت: دانید که من شما را از بهر چرا برگزیدم و آوردم؟

گفتند: فرمان، شاه راست. گفت: از بهر آنکه، شما معروفان و توانگرانید و از غارت کردن ننگ دارید؛ و نام و ننگ را در پیش من به اول پیکار بنمایید. اکنون باید که جز مرد کشتن و گرفتن هیچکار نکنید؛ و البته، سوی غنیمت ننگرید. همگان گفتند: "فرمانبرداریم." و این سخن در ایشان تأثیری عظیم کرد. و تا عرب خبر یافتند، سواران پوشیده و شمشیرها کشیده دیدند و هیچکس از آن عرب خلاص نیافتند، الا همه یا کشته یا گرفتار شدند؛ و از بسیاری که بکشتند ملال گرفتند.

پس مرد را می‌آوردی و هر دو کتف او به هم می‌کشیدی و سولاخ می‌کردی و حلقه‌ای در هر دو سولاخ کتف او می‌کشیدی؛ و آنکه گویند کتف ایشان بیرون می‌آورد مستبعد است، چه هر که را کتف از وی جدا کنند، نه همانا بزید. و او را از بهر این ذوالاکتاف گفتندی.

ابن یمین

دو دوست با هم اگر یکدلند در همه کار — هزار طعنه دشمن به نیم جو نخرند
نظیر این بنمایم ترا ز مهره نرد — یکان یکان به سوی خانه راه می‌نبرند
ولی دو مهره چو هم‌پشت یکدگر گردند — دگر تپانچه دشمن به هیچ رو نخورند
بکوش ابن یمین دوستی به دست آور — که دشمنان‌سوی یک‌تن‌به صدبدی‌نگرند

Gamle Fugle fanger man ikke med Avner.

عنقا را به دام نتوان گرفت

به دام و دانه نگیرند مرغ دانا را

برو این دام بــر مرغ دگر نه
که عنقا را بلند است آشیانه
خواجه حافظ

پریشان

عسسی نیمشب مستی را در میان بازار خفته دید. آستینش گرفت که برخیز تا برویم. گفت: ای برادر کجا برویم. گفت: بزندان پادشاه. گفت: خدا را آستینم رها کن که اگر من رفتن می‌توانستم به خانه خود می‌رفتم و در اینجا نمی‌خفتم.

مولانا مولوی می‌فرماید

محتسب در نیمه شب جایی رسید — در بُنِ دیوار مستی خفته دید
گفت: هــی! مستی، چه خوردستی بگو — گفت از آن خوردم که هست اندر سبو
گفت: آخر در سبو واگو که چیست؟ — گفت از آنچ خورده‌ام گفت این خفی است
گفت آنچه خورده‌ای آن چیست آن؟ — گفت آنکه در سبو مخفی است آن
دَوْر می‌شد این سئوال و این جواب — ماند چون خر محتسب اندر خلاب
گفت او را محتسب: هین آه کن — مست هوهو کرد هنگام سخن
گفت: گفتم آه کن هو می‌کنی — گفت: من شادم، تو از غم دم زنی؟
آه از درد و غم و بیدادی است — هوی هوی مَی خوران از شادی است
محتسب گفت: این ندانم خیز خیز — معرفت متراش و بگذار این ستیز
گفت رو تو از کجا، من از کجا؟ — گفت: مستی، خیز تا زندان بیا
گفت مست: ای محتسب، بگذار و رو — از برهنه کی توان بردن گرو؟
گر مرا خود قوّت رفتن بُدی — خانه خود رفتمی وین کی شدی؟
من اگر با عقل و با امکانمی — همچو شیخان بر سر دکآنمی

Gerrighed er sin egen stedmoder.

خر دیزه است مرگ خود را می‌خواهد برای زیان صاحبش

یا علی غرقش کن من هم به جهنم

چون غلام هندویی کوکین کشد   از ستیز خواجه خود را می کشد
سرنگون می‌افتد از بام سرا   تا زیانی کرده باشد خواجه را
مولوی

امثال و حکم

یکی از خواص عامه (ویژگان اهل سنت) را در کشتی با شیعیی عامی (بی‌سواد) بحث افتاد و شیعی در پایان بحث از جواب او فروماند و در آن حال دریا متلاطم بود شیعی گفت: یا علی غرقش کن من هم به جهنم.

Giv skalken et spand, han tager vel heel alen.

دست را بدهی آستین را می‌خواهد

گدا را که رو می‌دهی صاحبخانه می‌شود

... شیارکاری با یك بند گاو در صحرا مشغول شخم زدن و کشت گندم بود گدایی آمد و با چاخان و زبان بازی، سیفال تو پالان (چالوسی) شیارکار کرد و شروع کرد به دعا و ثنایی که مرسوم گداهاست که: «خدا برکت بده، چشمه خواجه خضره، برکت به گوشه کرت باشد، یه مشت گندم به من بده پیش خدا گم نمیشود».
شیارکار گفت: «این گندم‌ها به این زحمت باید در دل زمین بروند؛ هفت هشت ماه آب بخورند و ما هم خون دل و سرما و گرما بخوریم و هزار جور زحمت بکشیم تا فصل تابستان گندمی درو کنیم و خودمان و اهل و عیال و ارباب و مباشر و حیوان و حشر و مرغ و چرغ و یه مشت زن و مرد شهری هم بخورند، ما وسیله کار وسیله‌ساز هستیم؛ تو هم زحمت بکش بهتر از بیکاری و گدائی‌ست از همه گذشته این گندم بذر است و مال ارباب! و من دست حرام به آن دراز نمی‌کنم برکتش می‌رود». گدا قانع شد و گفت: «من از راه دوری آمدم یکساعت اینجا دراز می‌کشم.» توبره گدائیش را گذاشت کنار دستش و خواب غفلت نر قلندری و بی‌عاری او را از جا برداشت. شیارکار هم مشغول شیار کردن و شخم زدن بود تا کارش تمام شد. گاوهایش را طبق معمول ول کرد که بروند آب بخورند، خودش هم رفت یك گوشه نشست که خستگی‌ش در برود. یکی از گاوها خود را به توبره گدا رساند و سفره نان او را به دندان گرفت و تا گدا و شیارکار متوجه شوند گاو نان را بلعید. شیارکار خود را به گاو رساند و چوب را کشید به بخت گاو و حالا نزن کی بزن. گدا ماتش برد و گفت: «طوری نشده است، نشنیدی می‌گویند به فقیر چه نانی بدهی چه از او نانی بستانی تفاوتی ندارد».
شیارکار که گاوش فرار کرده بود، تو سر خودش می‌زد و خداخدا می‌کرد. باز گدا گفت: «من حرفی ندارم، دیگر تو چرا خودت را می‌زنی بیا من را بزن وای به حال حیوان زبان بسته که به گیر تو آدم ندیده افتاده است؛ تو که راضی نمی‌شوی گاوت نان کسی دیگر را بخورد چطور راضی می‌شوی زن و بچه‌ات نان تو را بخورند؟»
شیارکار گفت: «راست می‌گویی ولی این‌گونه نیست، تو به ده می‌روی و نانی گدایی می‌کنی اما گاو من که نان گدایی خورد دیگر به‌کار نمی‌رود».

Gud giver alle dem mad, som han giver mund.

کار خدا حساب و کتاب ندارد

خدا کریم است

دم مزن تا بشنوی زان آفتاب　　آنچه نامد در کتاب و در خطاب　آشنا
دم مزن تا دم زند بهر تو روح　　بگذار در کشتی نوح

مولوی

* عبارت یونانی [θεοί δέ τε πάντα δύνανται] به مفهوم "خدا بر هر کاری تواناست" ریشه ضرب‌المثل می‌باشد که هومر در حماسه ادیسه نقل کرده است. در انجیل "*MATTHEW*" نیز می‌خوانیم:
[said vnto them, With men this is vnpossible, but with God al things are possible;]
[MATTHEW xix. 26 Iesus]

مولانا مولوی می‌فرماید

یك جزیره سبز هست اندرجهان　　اندرو گاویست تنها خوش دهان
جمله صحرا را چرد او تا به شب　　تا شود زفت و عظیم و منتجب
شب زاندیشه که فردا چه خورم؟　　گردد او چون تار مو لاغر ز غم
چون برآید صبح، گردد سبز دشت　　تا میان رسته قصیل سبز و کشت
اندرافتد گاو با جوع البقر　　تا به شب آن را چرد او سربه سر
باز زفت و فربه و لمتر شود　　آن تنش از پیه و قوّت پر شود
باز شب اندر تب افتد از فزع　　تا شود لاغر زخوف منتجع
که چه خواهم خورد فردا وقت خور　　سالها اینست کار آن بقر
هیچ نیندیشد که چندین سال من　　می‌خورم زین سبزه‌زار و زین چمن
هیچ روزی کم نیامد روزیم　　چیست این ترس و غم و دلسوزیم؟
باز چون شب می‌شود آن گاو زفت　　می‌شود لاغر که آوه، رزق رفت
نفس آن گاوست و آن دشت این جهان　　کو همی لاغر شود از خوف نان
که چه خواهم خورد مستقبل عجب　　لوت فردا از کجا سازم طلب
سالها خوردی و کم نامد ز خور　　ترك مستقبل کن و ماضی نگر
لوت و پوت خورده را هم یاد آر　　منگر اندر غابر و کم باش زار

جوامع‌الحکایات و لوامع‌الروایات

آورده‌اند که روزی رسول (ص) نشسته بود. عزرائیل به زیارت وی آمد. مهتر (ع) از او پرسید که «ای برادر! چندین هزار سال است که تو متقلّد این جماعتی، و چندین خلایق از جان جدا کردی، تو را بر هیچ کس رحم آمد؟» گفت: « بلی یا رسول الله! در این مدّت مرا دل بر دو کس سوخت، یکی، روزی در دریا از تلاطم امواج بحر کشتی شکست و اهل آن غرق گشتند. زنی حامله بر روی تخته پاره‌ای بماند. گاه از نَوَرد موج دریا به حضیض زمین می‌رسید و گاه از حرکت باد آبش بر فرق ایوان می‌نشاند. در این میان فرزندی از وی متولد شد. مادر چون از طلق محاض فارغ شد و به شاخ فراغ دستی زد، نظرش بر جمال پسر افتاد. خواست که از شرابخانه پستان شربتی بیاورد و پیش مهمان وقت (کنایه از کودك نوزاد است) برد که به من بنده فرمان رسید که جان آن ضعیفه بردار، و آن کودك را در میان موج دریا بگذار. مرا بر آن کودك رحم آمد. «و دیگر بر شدّاد عادم رحمت آمد که سالها در آن بود که باغی ساخت و بهشتی پرداخت، و جمله عالم در آن صرف کرد. اهل قصص گویند که باغش را تا از زر بود و خوشه از مروارید، و سنگ ریزه از جواهر، و درخت از مرجان، و شاخ از زمرد، و آب از عرق. چون این بستان بدین صفت تمام شد، خواست که در آن بستان رود. چون به در بستان رسید و قصد کرد که از اسب فرود آید، پای راست از رکاب برون کرد و پای چپ در رکاب بود که فرمان آمد که جان آن ملعون بردار، و آن بیدین را از پشت اسب به زمین گیر. چون جان او قبض کردم دلم بر وی بسوخت که بیچاره عمری برامید آن گذاشت، و چشمش برآن نیفتاد.»

در این مفاوضه بودند که جبرئیل در رسید که « یا محمّد! خدایت سلام می‌رساند و می‌فرماید که به عزّت و جلال من که شدّاد عاد همان طفل بود که در آن دریای بیکران به آبش بپروردم، و از دریای بیکرانش نگاه داشتم، و بی‌مادرش تربیت کردم و به پادشاهی رسانیدم، و بر من برون آمد و نعمت مرا به کفران مقابله کرد، و عَلَم خویشتن بینی برافراشت. لاجرم از آتش عذاب آب (آبرو) او ببردم تا عاقلان را معلوم گردد که کافران را مهلت دهیم امّا مهمل نگذاریم.» چنانکه فرمود: «انما نملی لهم لیزدادوا انما و لهم عذاب مهین.»

Gud kommer tilsidt, naar vi troe han er laengst borte.

پایان شب سیه سفید است

از پی هر غمی است خرمئی

بعد نومیـدی بســی امیـدهاست
از پس ظلمت دوصد خورشیدهاست
مولوی

لباب‌الالباب

(قطب‌الدین سرخسی) در اوایل حال، که در سمرقند بود و تحصیل می کرد، در غایت قلّت حال و ضیق مجال بود، و کتابت کردی و وجه معاش او از اجرت آن بودی. شنیدم که گفت: وقتی ضُجرت بر من مستولی شد و تنگ‌دستی جهان فراخ را بر من تنگ کرد و کار بدرجه‌یی رسید که ازاری (شلواری) بفروختم و بنان بداده عزم کردم که بانتجاج (به طلب روزی) روم در روستاها چنانکه ائمه دیگر دَق (گدایی) می کنند، تا بدان وجه خود را نانی بحاصل کنم. برین عزم در مسجدی رفتم..... در اثنای آن خوابی دیدم که ظاهر آن صورت ترحی (غمگین) داشت، امّا موجب آن فرحی بود، خیال چهره روز بود در زیر حلّه شب پنهان شده و نشان صورت دولت بود در پس پرده محنت منزوی گشته ... با خود آن را تعبیر کردم و گفتم مرکز خالی نباید گذاشت که هرآینه تعبیر این خواب پیدا آید. بعد از مدّت اندك شنیدم که بجهت کتابخانه سرپل بازارچه (محله‌یی بود در بخارا) ... کاتبی بجمالِ فضل می‌طلبند ... فرمودند که صفحه‌یی ازین کتاب بنویس تا خطّ تو صدرجهان مطالعه کند. بر بدیهه فصلی در فضل این کتاب و استخراج لغات آن تحریر کرد ... و چون این فضل وافر بدیدند آن کتاب بدو دادند و او را راتبه‌یی گردانیدند و بتدریج محّل او عالی و رتبت او سامی (برتر) شد و کار او بالا گرفت و دبیر صدرجهان شد ...

Han skal have fingre af jern, som fanden vil flaae.

هر آن کو دهد دل به چنگال دیو - نیابد بجز درد و داغ و غریو

یا مکن با پیلبانان دوستی - یا بنا کن خانه‌ای در خورد پیل

شیخ عطار

شنیدم من که موشی در بیابان مگر دید اشتری را بی‌نگهبان
مهارش سخت بگرفت و روان شد که با اشتر به آسانی توان شد
چو آوردش به سوراخی که بودش نبودش جای آن اشتر چه سودش
بدو گفت اشتر این گم کرده ره را من اینك آمدم کو جای ما را؟

فارسنامه ناصری

... وقتی (اسکندر) ازهندوستان براه کرمان بقصد شهر شوش که شوشتر گویند می‌آمد چون بشهر پازارگات که اکنون شهر فسا گویند رسید ارسین ناماز شاهزادگان ایران که از نژاد کیان بتموّل و مکنت و سروری معروف بود ایالت آن شهر را داشت و از عهد کیخسرو تا آن وقت نسلا بعد نسل ایالت آن سامان را داشتند. چون اسکندر بحوالی او رسید استقبالش نمود و هدایای فوق العاده برای اسکندر و تمام همراهان او از امرا فرستاد و اسبهای راهوار با زین و لگام مرصع و ارابها که در عوض آهن جامه پارچهای طلا داشت و جواهر ثمینه و قدحهای طلا و لباسهای نفیس و وجهی نقد که بیشتر از دو کرور حالیه ایران باشد برسم تعارف بداد و آن همه باعث هلاکت او گردید برای آنکه ارسین با اردوی اسکندر تا شهر شوش همراهی نمود و باسکندر و عموم همراهان او از نقد و جنس بخشش نمود جز به باکواز که از خلوتیان خاص اسکندر بود و نهایت صباحت منظر داشت و اسکندر را با او میلی فوق‌العاده بود و ارسین باو بخششی ننمود چون سبب را پرسیدند گفت چون اسکندر با او همان کند که با زنان کنند. بارها دوستان به ارسین گفتند باید چیزی به باکواز بدهی که از خواص اسکندر و منظور نظر او است. ارسین گفت برجال اردوی اسکندر همه چیز داده‌ام امّا کسی که خود را هم سیرت زنان کند شایسته نباشد. شاهزادگان ایران چنین مردم را از زن کمتر دانسته از دایره انسانیت خارج دانیم. چون این سخنان به باکواز رسید گفت ارسین را به تیغ اسکندر خواهم کشت... و فتنه باکواز در کار ارسین هر روزه بوضعی بود تا مزاج اسکندر رنجید حکم بقتل او فرمود...

Haver jeg Penning i mijn Pung.[21]

با پول سرسبیل شاه نقارّه میزنند

بیمایه فطیر است

به زر برکنی دیو سپید
ز دست تهی بر نیاید امید
سعدی

اخلاق الاشراف

میفرمایند که مال در برابر جان است، و چون در طلب آن عمر عزیز میباید کرد، از عقل دور باشد که آن را مثلاً در وجه پوشیدن و نوشیدن و خوردن یا آسایش بدن فانی، یا برای آنکه دیگری او را میستاید در معرض تلف آورد. لاجرم اگر بزرگی مالی دارد به هزار کلبتین[22] يك فلوس (پشیز = منتحب اللغات) از چنگ مرده ریگش[23] بیرون نمیتوان کشید. تقدیر کن که اگر مجموع ملك رای (= راج، راجه، پادشاه هندوستان) و قیصر آن يك شخص را باشد؛ یکی از بزرگان فرزند خود را فرموده باشد که یا بُنَّی اِعلَم اَنَّ لفظ "لا" یزیلُ البلاد و لفظ "نعم" یزید النِّقَم. دیگری در اثناء وصایا فرموده باشد که ای پسر زنهار باید که زبان لفظ "نعم" گوش داری و پیوسته لفظ "لا" بر زبان رانی و یقین داری که تا کار تو با "لا" باشد کار تو بالا باشد، و تا لفظ تو "نعم" باشد دل تو بنعم باشد.

---

[21] *Haver jeg Mad i mijn Mund.*

[22] کلبتین، ابزاري است انبرك مانندكه بدان دندان را بيرون كشند (غياث)؛ توسُعاً هر گونه ابزار براي بيرون كشيدن چيزي از
مولانا ميفرمايد:

آمد بهار اي دوستان، منزل سوي بستان كنيم — گرد غريبان چمن خيزيد تا جولان كنيم
زنجيرها را بردريم، ما هر يكي آهنگريم — آهن گزان چون كلبتين آهنگ آتشدان كنيم
آتش دراين عالم زنيم، وين چرخ رابرهم زنيم — وين عقل پابرجاي‌راچون خويش سرگردان كنيم

[23] مرده ريگ، ميراث و ماترك
مولانا ميفرمايد:

از خراج ار جمع آري زر چو ريگ — آخر آن از تو بماند مرده ريگ

معناي دوّم مرده ريگ از معناي اصلي دور شده و مجازاً در لغت يا صفت اشياء سقط و بيبها، و جانوران بيارزش و كمبها و بينفع و ناچيز، و حتي آدميان فرومايه و بيخاصيت و بيكاره استعمال شده است و از آن نوعي دشنام و اظهار نفرت اراده شده، همان طور كه از الفاظ امروزي"لعنتي" و "مرده شوي برده" اراده ميشود. سنائي در حديقه ميفرمايد:

ماند چون پاي مقعد اندر ريگ — آن سرمرده ريگش اندر ديگ

Hunden gör og ad maanen.

سگ لاید و کاروان گذرد

آواز سگان کم نکند رزق گدا را

مه فشاند نور و سگ عوعو کند

مه را چه جرم؟ خاصیت سگ چنین بود

از ماه نور گیرد ارکان آسمان

خود کیست آن سگی که بخار زمین بود

مولوی

* ریشه اصلی این ضرب‌المثل از زبان عربی است، ولی مفهوم مشابه این ضرب‌المثل از سنسا نیز به یادگار مانده است.

شیخ اجل سعدی علیه‌الرحمه

مضحکه گفت هر کس امشب دو رکعت نماز بگذارد، او را حوری دهند که بالهای او از مشرق به مغرب باشد. کسی گفت من این نماز نکنم و این حور را نمی‌خواهم. گفتند چرا؟ گفت زیرا که اگر سرش در کنار من باشد و در شیراز و بغدادش گ... مرا چه خبر بود؟

67

Hver mand sin lyst.

هر گلی رنگی و هر مرغ نوائی دارد

لیلی را به چشم مجنون باید دید

* عبارت لاتین *[De gustibus non est disputandum]* به مفهوم "در وجود اختلاف سلیقه بحثی نیست" ریشه ضرب‌المثل می‌باشد.

مولانا مولوی می‌فرماید

ای بسا کس رفته ترکستان و چین — او ندیده هیچ، الاّ مکر و کین
ای بسا کس رفته تا شام عراق — او ندیده جز مگر کبر و نفاق
پیش چشمت داشتی شیشه کبود — زان سبب عالم کبودت می‌نمود
گرنه کوری، این کبودی دان ز خویش — خویش را بدگو، مگو کس را تو بیش
در خود این بد را نمی‌بینی عیان — ورنه، دشمن بودیی خود را به جان
حمله بر خود می‌کنی، ای ساده مرد — همچو آن شیری که بر خود حمله کرد

طوطی‌نامه

رام با لچمن[24] گفت که هر اندوهی که هست بعد از مدتی دراز برطرف می‌شود، امّا من که سیتا[25] را یاد می‌کنم غم من هر روز زیاده می‌شود و نه مرا این غم است که سیتا از من دور افتاده است و نه این اندیشه است که او را کشته باشند، امّا من همین فکر دارم که خوبی او روز بروز کم می‌شود. پس رام گفت: ای باد، تو از جائی که سیتا است بوز و خود را ببدن او رسان و پیش من بیا تا ببدن من نیز رسی و مساس بکنی و من بهمین امیدواری زنده می‌مانم و از همین آرزو خوشحالم و شب و روز تن من از آتش عشق میسوزد و فراق سیتا افروزینه آن آتش و اندیشه او زبانه آن آتش است. از بس که یاد سیتا می‌کنم چنین می‌دانم که من و سیتا هر دو درین زمین بیکجا خواب می‌کنیم و من بزندگی سیتا زنده می‌مانم، چنانچه کشت شالی از رسیدن آب بکشتی دیگر که همسایه اوست نمناك می‌گردد و من بر دشمنان فیروزی یافته سیتا را که میان او نازك و روی او مانند ماه تمامست، کی خواهم دید، چنانچه دولت روز افزون را می‌بینند.

---

[24] رام و لچمن دو برادر راجه زاده می‌باشند.

[25] سیتا زن زیبای رام که در دست پریان گرفتار آمده بود.

Hvo der omgaaes med Ulv, han lgerer at tude.[26]

خواهی نشوی رسوا همرنگ جماعت شو

رفتم شهر کورها دیدم همه کور من هم کور

چون که با کودك سروکارت فتاد
پس زبان کودکی باید گشاد
مولوی

* عبارت لاتین میانه *[si fueris Romae, Romano vivito more; si fueris alibi, vivito sicut ibi,]* ریشه این ضرب‌المثل است. این عبارت منتسب به آمبروس مقدس *St. Ambrose* می‌باشد و مضمون آن: «وقتی در روم هستی، مانند رومی‌ها زندگی کن، اگر جای دیگر هستی، مانند آنها زندگی کن» .

امثال و حکم

گویند وقتی منجّمی خبر داد فلان روز بارانی بارد که هر کس قطره‌ای از آن نوشد دیوانه شود. پادشاه به وزیر امر داد انباری از آب کردند و در آن استوار ساختند، تا با آب باران نیامیزد. باران موعود بیامد و مردمان مملکت از آن بیاشامیدند و به جملگی دیوانه شدند، مگر پادشاه و وزیر که با آب ذخیره همچنان عاقل مانده و در اعمال و اقوال دیوانگان به حیرت و اسف (افسوس، اندوه) می‌دیدند. عاقبت شاه از مشاهده آن اوضاع به جان آمده به وزیر گفت: مرا بیش طاقت تحمّل نمانده است و نزدیك است تا خود را هلاك سازم. وزیر گفت: هلاك کردن خویش نمی‌باید، ما نیز چون آنان شویم و مشکلات کنونی از پیش برخیزد. گفت: چگونه چون آنان توان شد؟ گفت: از همان آب ما نیز می‌آشامیم. پادشاه رضا داد و چنین کردند و چون آن دو نیز دیوانه شدند، از رنج و تعب (سختی) پیشین بیاسودند.

---

[26] نگاه کنید به:

Man må hyle med de ulve man er i blandt.

Hvo der vil honning slikke, må ikke ræddes for bier.

عطایش را به لقایش بخشیدم

نیرزد عسل جان من زخم نیش

شب شراب نیرزد به بامداد خمار

کهن جامه خویش پیراستن   به از جامه عاریت خواستن   **سعدی**

شیخ اجل سعدی علیه‌الرحمه

به هیچ یار مده خاطر و به هیچ دیار   که بر و بحر فراخ است و آدمی بسیار
از این‌درخت چو بلبل بر آن درخت نشین   به دام دل چه فرومانده‌ای چو بوتیمار؟
زمین لگد خورَد از گاو و خر به علت آن   که ساکن است ، نه مانندِ آسمان دوّار
گرت هزار بدیعُ الجمال پیش آید   ببین و بگذر و خاطر به هیچ کس مسپار
مخالطِ همه کس باش تا بخندی خوش   نه پای‌بندِ یکی ، کز غمش بگریی زار
چه لازم است یکی شادمان و من غمگین   یکی به خواب و من اندر خیال او بیدار
وگر به بند بلای کسی گرفتاری   گناه توست که بر خود گرفته‌ای دشوار
مثالِ گردن آزادگان و چنبرِ عشق   همان مثال پیاده است در کمندِ سوار
اگر به شرط وفا دوستی به جای آورد   وگرنه دوست مدارش تو نیز و دست بدار
کسی که از غم و تیمار من نیندیشد   چرا من از غم و تیمار او شوم بیمار؟
چو دوست جور کند بر من و جفا گوید   میان‌دوست‌چه‌فرق‌ست و دشمنِ خونخوار؟
اگر زمین تو بوسد که خاک پای توام   مباش غرّه، که بازیت می‌دهد عیار
به اعتمادِ وفا نقدِ عمر صرف مکن   که عن‌قریب تو بی زر شوی و او بیزار
به راحت نفسی رنج پایدار مبر   شب شراب نیرزد به بامداد خمار
به اولِ همه کاری تأمل اُولی‌تر   بکن ، وگرنه پشیمان شوی به آخر کار
زمام عقل به دست هوای نفس مده   که گرد عشق نگردند مردم هوشیار
طریق معرفت اینست بی خلاف ولیك   به گوش عشق موافق نیاید این گفتار
چودیده‌دید و دل از دست‌رفت‌وچاره‌نماند   نه دل ز مهر شکیبد نه دیده از دیدار
شبی دراز درین فکر تا سحر همه شب   نشسته بودم و با نفس خویش در پیکار
بسی نماند که روی از حبیب بر پیچم   وفای عهد عنانم گرفت دیگر بار
که سخت سست گرفتی و نیك بد گفتی   هزار نوبت از این رای باطل استغفار
همیشه در دل من هر کس آمدی و شدی   تو برگذشتی و نگذشت بعد از آن دیار
حلال نیست محبت مگر کسانی را   که دوستی به قیامت برند سعدی‌وار

I rórt vand er godt at fiske.

از آب گل‌آلود ماهی گرفتن

جواب حسن صباح به رقعه سلطان جلال الدین ملکشاه سلجوقی²⁷

...هارون (الرشید را) که اعلم و افضل ایشان (عباسیان) بود دو خواهر بود، یکی را در مجلس شراب خود حاضر میکرد وندمای خود را در آن مجلس از دخول منع نمیکرد تا جعفر یحیی که یکی از مقیمان مجلس او بود با خواهر او فساد کرد، و او را از وی پسری شد، و پسر را از هارون پنهان داشتند، تا آن سال که هارون به حج شد پسر را آنجا بدید، جعفر را بکشت و خواهر دیگر محسنه نام خردتر بود و در حسن و جمال بکمال، هارون او را بخود نزدیك کرد و در میان ایشان فساد واقع شد، و لطیفة مشهورست که بعد از وفات هارون، امین که پسر او بود، این محسنه را، که عمه او بود، با او فساد کرد، تصور امین آن گونه بود که محسنه بکر باشد. نبود. امین پرسید که: "یا عمّتا! بکر نبودی؟ چه حالتست؟"

محسنه در جواب امین گفت: "پدرت در بغداد کرا بکر گذاشته که مرا بگذاشتن؟"...

---

²⁷ نامه ملکشاه سلجوقی که ظاهراً در اوایل سال 484 هجری قمری نوشته شده است و پاسخ حسن صباح به آن، از مجموعه کم نظیری است که حاوی فرامین و مکاتیب و نامه‌های بزرگان ایران است و حیدر بیك ایواوغلی پسر ابوالقاسم بیك اوغلی از رجال دربار صفوی در سال 1099 هجری قمری در اصفهان گردآوری کرده است. امّا برخی از محققان در صحت این دو نامه مشکوکندو آن را اصیل نمی‌پندارند (به نقل از: مشتی از خروار تألیف محمد دبیرسیاقی).

Ikke kan få øje på skoven for bare træer.

شتر را گم کرده پی‌افسارش می‌گردد

بعد خیر تها تحتفظ

اصل بیند دیده چون اکمل بود

فرع بیند چونکه مرد احول بود

مولوی

لطائف‌الطوائف

روزی طبیبی حاذق را نزد پادشاهی آوردند که چشمش درد میکرد، طبیب گفت پای پادشاه را
حنا باید بست، خواجه سرایی آنجا بود اعتراض کرد و گفت ای طبیب چه مناسبتست؟ گفت آن
مناسبت که خایه ترا با زنخدان تو هست، که چون خایه‌ات به درکردند از زنخدان تو موی
نرست، پادشاه از آن معارضه بخندید و از طبیب آن جواب را پسندید و او را اسب و خلعت
داد.

Ikke smide barnet ud med badevandet.

رفت ابروش را درست کند چشمش را کور کرد

رفت بهترش کند بدتر شد

دوستی خاله خرسه

رفتـی که کنـی درست ابرویش را   آبرُ نشده درست، چشمش شده کور

مفتون همدانی

بهر کیکـی تو گلیمـی را مسوز   وز صداع هر مگس مگداز روز

مولوی

* ریشه این ضرب‌المثـل اقتباس از عبارتی از ادبیات زبان آلمانی در سده هفدهم میلادی است. کپلر این عبارت را در سال1610 در کتابش تریتوس اینترونینس *Tertius Interveniens* به‌کار برده است: [*Das ist Warnung... das sie... nicht das Kindt mit dem Badt ausschütten*- این یك اخطار است... مبادا که بچّه را با طشت (شستشویش) به بیرون بیندازی.] برخی اصطلاح‌شناسان، عبارت آلمانی" *Das - kindt mit dem bad vß schitten*بچه را با طشت آب به بیرون انداختن" را ریشه اصلی ضرب‌المثل می‌دانند. در آلمان قرون وسطایی رسم بر این بود که حمام گرفتن در طشت را با مرد خانه شروع می‌کردند و پس از آنکه سایر اعضای خانه حمام می‌گرفتند نوبت به بچه می‌رسید و ممکن بود که کثیفی آب در حدی باشد که بچه داخل آب کثیف دیده نشده و با آب به بیرون انداخته شود. بررسی کتاب *Narrenbeschwörung* اثر نویسنده شهیر آلمان توماس مورنر *T. Murner* نشان می‌دهد این ضرب‌المثل در طول یك ترانه هفتاد و شش خطی، سه بار بکار رفته است. توماس مورنر در برخی دیگر از آثارش نیز، این ضرب‌المثل را بکار برده است. فراوانی استفاده از این ضرب‌المثل در آثار آلمانی اواخر سده پانزدهم میلادی، حاکی از استقبال ادبیات عمومی زبان آلمانی از این ضرب‌المثل است. فراوانی استفاده از این ضرب‌المثل در آثار آلمانی اواخر سده پانزدهم میلادی، حاکی از استقبال ادبیات عمومی زبان آلمانی از این ضرب‌المثل است. این ضرب‌المثل پس از آنکه در سال 1541 میلادی در اثری از سباستین فرانك به‌کار رفت[28]، به بسیاری از آثار بعدی ادبیات آلمانی راه یافت[29].

---

[28] *Sebastian Franck's (1499-1542) Sprichwörter / Schöne / Weise / Herrliche Clugreden / und Hoffsprüch. Frankfurt am Main: Christian Egenolff, 1541; rpt. ed. by Wolfgang Mieder. Hildesheim: Georg Olms, 1987, p. 16[b] and p. 17[a].*

[29] *Jörg Wickram (1505-1562), Johannes Nas (1534-1590), Johannes Kepler (1571-1630), Andreas Gryphius (1616-1664), Jakob Michael Reinhold Lenz (1751-1792), Gottfried August Bürger (1747-1794), Johann Wolfgang von Goethe (1749-1832), Jeremias Gotthelf (1797-1854), Karl Friedrich Wilhelm Wander (1803-1879), Otto von Bismarck (1815-1898), Theodor Fontane (1819-1898),*

نفحات‌الانس من حضرات‌القدس

...(مولانا مولوی) فرموده است که کسی به خلوت درویشی درآمد، گفت: چرا تنها نشسته‌یی؟ گفت: این دم تنها شدم که تو آمدی و مرا از حق مانع آمدی.

ریشه‌های تاریخی امثال و حکم

... سنت دیگر این بود که هر کس وارد خزینه حمام می‌شد به افرادی که شست و شو می‌کردند سلام می‌کرد و ضمناً در همان پله اول خزینه دو دست را زیر آب کرده، کمی از آب خزینه بر می‌داشت و به یکایک افراد حاضر از آن آب حمام تعارف می‌کرد. برای تازه‌وارد مهم و مطرح نبود که افراد داخل خزینه از آشنایان هستند یا بیگانه، به همه از آب مفت و مجانی تعارف می‌کرد و مخصوصاً نسبت به افراد بیگانه بیشتر اظهار علاقه و محبت می‌کرد زیرا آشنا در هر حال آشناست، و دوست و آشنا احتیاج به تعارف ندارند. اگر آدمی بتواند از بیگانگان با آب حمام دوست بگیرد کمال عقل و خردمندی است؛ زیرا آب حمام آبی است بی‌قابلیت و تعارف آن هم تعارفی است که یکشاهی خرج بر نمی‌دارد.

بستان السیاحه

(ازبك) نام طایفه‌ایست در توران در عدت و کثرت زیاده ازین و آنست. همگی حنفی مذهب و در آن طریق متعصبند و شجاع و دلیر و در بعضی مکارم دلپذیر و در اکرام مهمان بی‌نظیرند. عموماً ترك‌زبان. و فارسی‌گوی نیز بسیارند. و همگی آن فرقه در اقلیم چهارم و پنجم سکونت دارند. مردان ایشان کوسج و بدمنظر و زنانشان از حسن و جمال برخوردارند. اغلب ایشان از حقایق انسانی دور و از معارف مردمی مهجورند ...

Thomas Mann (1875-1955), Heinrich Böll (1917-1985), Günter Grass (born 1927).

Ingen er mere döv end den som ikke vill höre.

کر مصلحتی دوا ندارد

چه به من گو چه به در گو چه به خرگو

بهر گوشی می‌زنی دف گوش کو؟
هوش باید تا بداند هوش کو؟
مولوی

به یکی در درآید از گوشش به دگر در برون کند هوششش **حکیم سنایی**

جوامع‌الحکایات و لوامع‌الروایات

آورده‌اند که یکی از زهّاد به حضرت امیرالمؤمنین منصور آمده بود و او را نصحیتی می‌فرمود. در اثنای نصحیت چنین گفت که "وقتی در اسفار خود به دیار چین افتادم، و آن ملك چین پادشاهی عادل بود. ناگاه او را علّتی حادث گشت و بدان سبب حسّ سمع او باطل شد" (قوه شنوایی او از بین رفت) وزراء و ثقات خویش را حاضر کرد و گفت: مرا واقعه‌ای صعب افتاده است و حسّ سمع من باطل شده و قوّت شنیدن در گوش من نمانده. و این سخن بگفت و زار زار بگریست. و از برای سلوت پادشاه را گفتند: اگر حسّ سمع باطل شده، حق عزّوجّل به برکت عدل و به یمن انصاف و رأفت و عاطفت، مر پادشاه را درازای عمر عوض دهد. ملك چنین گفت: "شما را سخت غلط افتاده است و نظر فکرت از طریق اصابت عدول نموده، من نه برحسّ سمع می‌گریم؛ چون خردمند داند که عاقبت وجود، فنا را جمله اعضا و جوارح خواهد بود، بر بطلان بعضی نگرید و به فوات یکی از آنها چندان غم نخورد، ولکن من برآن می‌گریم که اگر مظلومی بر سبیل استغاثت فریاد کند و داد طلبد، من آواز او نشنوم و در انصاف او سعی نتوانم نمود." پس بفرمود تا در جمله دیار ملك او ندا کنند که هیچ کس جامه سرخ نپوشد جز مظلوم، تا چون او لباس لعل (سرخ) او از دور ببیند، بداند که مظلوم است، در انصاف او کوشد.

سیاست‌نامه

شنیدم که یکی از ملوك به گوش گران بوده است چنان اندیشید که آنان که ترجمانی می‌کنند سخن متظلّمان را با او راست نگویند و چون حال نداند چیزی فرماید که موافق کار نباشد، فرمود که متظلّم باید که جامه سرخ پوشد و دیگر هیچکس جامه سرخ نپوشد تا من او را بشناسم و آن ملك بر پیل نشستی و در صحرا بایستادی و هر که را با جامه سرخ دیدی فرمودی تا گرد کردندی پس به جائی خالی نشستی و ایشان را یك به یك بخواندی تا به آواز بلند حال خویش گفتندی و او انصاف ایشان می‌دادی و این همه احتیاط از بهر جواب آن جهان کرده‌اند تا چیزی بر ایشان پوشیده نگردد.

Intet svar er også svar.

سکوت موجب رضاست

* عبارت لاتین [qui tacet consentire videtur] با مضمون «هر که ساکت باشد به نظر راضی می‌رسد» ریشه ضرب‌المثل است.

خواجه نظام الدین عبید زاکانی

شخصی از واعظی پرسید که زن ابلیس چه نام دارد؟ واعظ او را پیش خواند و در گوشش گفت: ای مردك قلتبان من چه دانم. چون باز بمجلس آمد از او پرسیدند که چه فرمود. گفت: هر که خواهد از مولانا سؤال کند تا بگوید.

Jo flere kokke, jo værre såd.

آشپز که دوتا شد، آش یا شور است یا بی‌مزه

خانه‌ای را که دو کدبانوست، خاك تازانوست

خاك یابی زپای تا زانو خانه‌ای را که دوست کدبانو **سنائی**

جوامع‌الحکایات و لوامع‌الروایات

آورده‌اند که بهرام چوبین از پهلوانان پرویز بود، و پرویز او را بزرگ داشتی و احترام نمودی. وقتی صاحب خبر به سمع پرویز رسانید که خدمتکاری از آن بهرام خیانتی کرده بود، بهرام فرمود تا او را فروکشیدند، و بیت تازیانه بزدند. پرویز از این معنی کراهیت آورد و ازآن برنجید. روزدیگر که بهرام به خدمت آمد، بفرمود تا از خزانه دو شمشیر بیاوردند، و به بهرام داد. گفت: "این هر دو شمشیرچگونه است؟ "بهرام گفت: "به غایت نیکوست." گفت: "هر دو را در یك نیام کن." بهرام گفت: "دو فرمان در یك شهر راست نیاید." والسّلام.

سیاست‌نامه

چنین گویند که ملك پرویز، بهرام چوبین را در ابتدا سخت نیکو می‌داشت چنانکه یك ساعت بی‌او نبودی و در شکار و شراب و خلوت از خویشتن جدا نداشتی و این بهرام چوبین سوار یگانه بود و مبارز بی همتا، مگر روزی ملك پرویز را عمّال هرات و سرخس سیصد شتر سرخ موی آوردند و برهریکی خرواری بار از حوایج و دیگر متاع، بفرمود تا همچنان به سرای بهرام چوبین بردند تا برگ مطبخ فراخ بود. دیگر روز پرویز را خبر آوردند که دوش بهرام غلام خویش را فروکشید و بیست چوب بزد، پرویز را خشم آمد بفرمود تا بهرام را حاضر کنند، چون بهرام بیامد بفرمود تا از سلاح خانه پانصد تیغ بیاوردند، گفت ای بهرام هرچه ازاین تیغ‌ها بهتر است جداکن. بهرام صدو پنجاه برگزید، پس گفت آنچه خیارتراست ازاین گزیده‌ها، ده تیغ بیرون کن. پس بهرام ده تیغ برگزید، پرویز گفت ازاین ده تیغ دو تیغ برگزین، دو تیغ برگزید، گفت اکنون بفرمای تا این هر دو تیغ در یك نیام بسپارند. بهرام گفت ایهاالملك دوتیغ در یك نیام نیاید. ملك پرویز گفت دو فرمانده در یك شهر چون نیکو آید؟...

Krage söger vel sin mage.

کبوتر با کبوتر باز با باز

خربنده به خانه شتربان آید

با کبوتر باز کی شد همنفس   کی شود همراز عنقا با مگس **مولوی**

مولانا مولوی می‌فرماید[30]

یک زنی آمد به پیش مرتضی   گفت شد بر ناودان طفلی مرا
گرش میخوانم، نمی‌آید بدست   ور هلم، ترسم که افتد او به پست
گفت طفلی را برآور هم به بام   تا ببیند جنس خود را آن غلام
سوی جنس آید سبک زان ناودان   جنس بر جنس است عاشق جاودان
زن چنان کرد و چو دید آن طفل او   جنس خود خوش خوش بدوآورد رو
سوی بام آمد ز متن ناودان   جاذب هر جنس را هم جنس دان
زان بود جنس بشر[31] پیغمبران   تا به جنسیت رهند از ناودان
پس بشر فرمود خود را مثلکم[32]   تا به جنس آیید و کم گردید گم

---

[30] مأخذ اصلی داستان روایتی عربی از جابر بن عبدالله انصاری از اصحاب مشهور حضرت رسول(ص) است که در بسیاری از غزوات شرکت داشته و در اواخر عمر در مسجد النبی در مدینه حلقه‌ای داشت و مردم حدیث او می‌شنیدند. وی این روایت را در جلد یکم کتاب"اللآلی المصنوعه" آورده است.

[31] اشاره به آیه: وَلَوْ جَعَلْنَاهُ مَلَكاً لَجَعَلْنَاهُ رَجُلاً وَلَلَبَسْنَا عَلَيهِم مَا يلْبِسُونَ (الانعام: آیه 9).

[32] اشاره به آیه: قُلْ إِنَّمَا أَنَا بَشَرٌ مِثْلُكُمْ يوحَى إِلَى أَنَّمَا إِلَهُكُمْ إِلهٌ وَاحِدٌ فَمَن كَانَ يرْجُوا لِقَاءَ رَبِّهِ فَلْيعْمَلْ عَمَلاً صَالِحاً وَلَا يشْرِكْ بِعِبَادَةِ رَبِّهِ أَحَداً (الكهف: آیه 110). و همچنین اشاره به آیه: قُلْ إِنَّمَا أَنَا بَشَرٌ مِثْلُكُمْ يوحَى إِلَى أَنَّمَا إِلَهُكُمْ إِلهٌ وَاحِدٌ فَاسْتَقِيمُوا إِلَيهِ وَاسْتَغْفِرُوهُ وَوَيلٌ لِلْمُشْرِكِينَ (فصلت: آیه 6).

Läge, hjälp dig selv!

کل اگر طبیب بودی ـ سر خود دوا نمودی

اگر دانی که نان دادن ثوابست ـ خودت می‌خور که بغدادت خراب است

طبیبی که خود باشدش زرد روی　　　از او داروی سرخ‌روئـی مجوی **سعدی**

* این ضرب‌المثل در ویرایش انجیل اوایل سده پنجم میلادی (معروف به انجیل تفسیری *Vulgate* ترجمه ارمیا *Jerome*) به‌شکل عبارت لاتین *medice cura teipsum* به‌کار رفته است.

حدیقةالحقیقه

بود وقتـی منجّمـی کانا　　　همچو اهل زمانه نابینا
پادشاهـی ورا به خدمت خواند　　　گاه و بیگاه پیش خود بنشاند
پادشا مر ورا سئوالـی کـرد　　　مشکلش از ره محالـی کـرد
پادشا زیرك و جهـان‌بین بـود　　　ظاهر و باطنش پر از دین بـود
گفت: روزی برای خود بگزیـن　　　رو به تقویم حال خـویش ببین
آن زمان کت همـه کمـال بـود　　　کوکب نحس در وبـال بـود
طالعت را همــه شرف بـاشد　　　حال تو بر تو منکشف بـاشد
هیچ نکبت نباشدت پیـدا　　　خیز و دل شادمانــه پیش من‌آ
تا ترا خلعتـی دهم در خـور　　　تا شود فقر و فاقه‌ات کمتـر
مرد ابله برفت و روز گزیـد　　　و آنچه مقصود شاه بود ندیـد
بامدادی بر شه آمـد زود　　　که از آن بهترینش روز نبود
شاه چون دید مرد را دلشاد　　　صد در از رنج‌و غم برو بگشاد
گفت: در حال گردنش بزنیـد　　　بسته وی را ز پیش من بکشیـد
مرد دژخیم مرد را بکشیـد　　　برد و اندر زمان سرش ببریـد

کشکول شیخ بهائی

تنی از ابدال گفته است که: در بلاد مغرب، گذرم به پزشکی افتاد، که بیمارانی نزد او بودند. و برای آنان شیوه درمانشان می‌گفت. پس، پیش رفتم و گفتم: ـ خدا بر تو ببخشاید ـ بیماری مرا درمان کن! ساعتی در چهره من نگریست و گفت: ریشه‌های فقر و برگ صبر و هلیله فروتنی را بگیر! و در ظرف یقین جمع کن! و آب خوف بر آن ریز! و آتش اندوه در زیر آن بیفروز! سپس آن را در صافی مراقبه بپالای! و در جام خرسندی ریز! و با شراب توکل بیامیز و با دست صدق آن را بخور و با کاسه استغفار آن را بیاشام و سپس، با آب پرهیزگاری دهان خود را شستشو ده! و از حرص بپرهیز! پس، امید که پروردگار، تو را شفا دهد.

لطائف‌الطوائف

مردی احول نزد طبیبی احول رفت و گفت من یکی را دو می‌بینم چشم مرا علاج کن که از این جهت غلطها می‌کنم و تشویشها به من می‌رسد. طبیب سر بالا کرد و گفت شما هر چهار که نزد من آمده‌اید همه این یك مرض دارید؟ احول گفت واویلاه مرا فکر طبیبی دیگر باید کرد، که اگر من یکی را دو بینم او یکی را چهار بیند.

Langt fra Oine, snart af Sinde.

اگر دیده نبیند، دل نخواهد

دوری و دوستی

از دل برود هرآنکه از دیده برفت

محبت در چشم است

اگر گرد کسی بسیار گردی   اگرچه بس عزیزی خوار گردی

* احتمالا ریشه اصلی ضرب‌المثل، قصیده‌ای از قصیده‌سرای رومی پروپرتیوس است که در سال 26 پیش از میلاد سروده است: *'Always toward absent lovers love's tide stronger flows.'...*

اخلاق الاشراف

گویند که محیی‌الدین عربی[33] که حکیم روزگار و مقتدای علمای عصر خود بود، سی سال با مولانا نورالدین رصدی شب و روز مصاحب بود، و یك لحظه بی یکدیگر قرار نگرفتندی. چند روز که نورالدین در مرض موت بود محیی‌الدین بر بالین او به شرب مشغول بود. شبی به حجره رفت، بامداد که در خانه آمد غلامان را موی‌ها بریده به عزای نورالدین مشغول دید. پرسید که حال چیست؟ گفتند مولانا نورالدّین وفات کرد. گفت: "دریغ نورالدین". پس روی به غلام خود کرد و گفت: "نمشی و نطلب حریفاً آخر برویم و همنشین دیگری بجوییم"؛ و هم از آنجا به حجره خود عودت فرمود. گویند بیست سال بعد از آن عمر یافت و هرگز کسی نام نورالّدین از زبان او نشنید.

---

[33] محیی‌الدین ابوعبدالله محمد بن علی بن محمد بن عربی حاتمی طائی اندلسی، عارف مشهور و صاحب مذهب وحدت وجود که پیروانش وی را "شیخ الاکبر" ملقب نمودند و در اسپانیا وی را "ابن سراقه" نیز خوانده‌اند. او از تبار حاتم طائی است و به ابن عربی نیز مشهور است (همان ابن العربی قاضی ابوبکر محمد بن عبدالله المعافری اندلسی نیست). محیی‌الدین در سال 560 هجری قمری در مرسیه متولد شد و پس از زندگی سراسر تعلیم و تعلّم در سال 638 هجری قمری در دمشق درگذشت و در پای جبل قاسیون به خاك سپرده شد. وی وقتی که در آسیای صغیر بود صاحب روم خانه‌یی به او بخشید، سائلی از او چیزی خواست و او گفت چیزی جز این خانه ندارم و آن را به تو بخشیدم. ابن عربی معتقد بود که همه هستی اساساً واحد است، و آن همه تجلی ذات الهی است. بنابراین، ادیان مختلف نیز به نظر او برابر و یکسان‌اند. وی معتقد بود که نور محمدی را دیده است و اسم اعظم خدا را می‌داند، و معرفت اکسیر یا کیمیا را به‌دست آورده اما نه از راه کسب بلکه از راه الهام. از این روی، او را زندیق خواندند، و در مصر حتی عوام برای کشتن او شوریدند. روی هم رفته حدود 150 کتاب و رساله از وی شناخته شده است، و گفته‌اند که این مقدار بخشی از نوشته‌های اوست. مهمترین کتاب‌های او "الفتوحات المکیه" و "فصوص الحکم" می‌باشند. رساله کوچکی نیز در اصطلاحات صوفیه نوشته بود که همراه با تعریفات سید شریف جرجانی توسط فلوگل به آلمانی ترجمه شد. نیکلسون (مترجم اشعار حضرت مولانا) مجموعه ترجمان الاشواق وی را به انگلیسی برگردانده است. ابن عربی عقیده وحدت لاهوت و ناسوت را از حلاّج گرفت و آن را موضوع اصلی فصوص الحکم قرار داد. "وی مدعی بود که رسول اکرم(ص) را در خواب دیده و این کتاب را از دست آن حضرت گرفته و از سوی ایشان مأمور گشته است که آن را برای مردم آشکار سازد تا بدان بهره‌مند شوند. فصوص الحکم و تجلیات الالهیه به اهتمام دکتر ابوالعلاء عفیفی چاپ بیروت. ص 47". ابن عربی که به متأله، زندیق، محقق، کافر و غیره شهره شده است طرفدارانی چون مولانای رومی و ملاصدرای شیرازی دارد. وی با تأویل آیات قرآن معتقد بود که فرعون با ایمان مقبول از جهان رفت.

بهارستان

درویشی صاحب همّت با پادشاهی دارای شوکت، آمیزش و گفتگو داشت روزی احساس کرد که پادشاه با او سرگران است و بدو توجّهی ندارد. تجسّس کرد تا سبب را دریابد. فهمید که آمد و شد زیاد او نزد پادشاه، ملال‌آور شده است. پس از آمدن نزد پادشاه و نشست و برخاست با او خودداری کرد. روزی پادشاه او را در گذرگاهی دید و از او پرسید: چه شد که از ما بریدی و قدم از آمد شد ما در کشیدی؟ درویش گفت: چون دانستم که نیامدن، موجب حال پرسی سلطان از من است و آمدن، موجب اظهار ملال.

قطعه

به درویش گفت آن توانگـر چـرا   به پیشم پس از دیرهـا آمـدی؟

بگفتـی: «چرا نامدی پیش من؟»   بسی خوشتر است از چرا آمدی؟

List overwinder raad og styrke.

سنگ سنگ را می‌شکند

آهن آهن را از کوره کشد

آهن به آهن نرم شود

بدان ترس بگذارد این کین گرم

که آهن به آهن توان کرد نرم

حکیم نظامی

نسوزد عشق را جز عشق خرمن

چنان چون بشکند آهن به آهن

ویس و رامین

تاریخ الوزرا

دولت ملوک مصر، چون جوانی رفت که باز نیاید، چون شمع شدند که تا فردا زنده نماند. همچون حباب قدح بودند که تا یک لحظه باشد. چون لاله، بستر ایشان خاک آمد و چون آب از باد مسلسل شدند. جامه اتباع ایشان، چون لاله پرپر، دریده آمد، در دست ایشان هیچ نماند، جز دندان. روزگار چون دریاست، گاهی ببخشد و گاهی بکشد. باد دیوانه است، گاهی نسیم باشد و گاهی صرصر. دولت چون رفت، نه آوازی باشد که آن را از مطرب باز خواهند..... آهن به آهن نرم شود.

آورده‌اند ... هنگامی که ملکشاه سلجوقی از وزیرش، خواجه نظام‌الملک برنجید به او پیغام داد که: اگر تابع منی چرا فرزندان و اتباع خود را ادب نمی‌کنی و اندازه خود نگاه نمی‌داری، اگر می‌خواهی بفرمایم دوات از پیش تو برگیرم. خواجه نظام‌الملک پیغام فرستاد که: دولت آن تاج به این دوات بسته است، هرگاه این دوات برداری آن تاج بردارند.

Man fanger flere Fluer med en Draabo Honing end med en Tünde eddike.

زبان خوش مار را از سوراخ بیرون آورد

چرب سخنی، دویم جادوئیست

هزار دختر کور داشته باشد یکروزه شوهر می‌دهد

بنرمی ظفر جوی بر خصم جاهل که که را بنرمی کند پست باران
ناصر خسرو

از درستی ناید اینجا هیچ کار
هم به نرمی سر کند از غار مار
مولوی

بسا کس که یک دانگ ندهد به تیغ   چو خوش گوئیش جان ندارد دریغ
اسدی

جوامع‌الحکایات و لوامع‌الروایات

ثمامه اشرس می‌گوید که روزی فضل بن سهل در مسجد جمعه بغداد جمعیتی کرده بود و جماعتی از معارف عراق و اشراف عرب در خدمت او نشسته بودند. پس به منبر آمد و خطبه فصیح آغاز کرد و خدای را، عزّوجلّ، به یگانگی بستود و بر مصطفی (ص) درود داد و در بیان مواعظ برهان نمود و در اثنای خطبه مر عبدالله خزاعی را بنکوهید و به تصریح و تعریض او را گفت که وی مطرب بچه بود و پیوسته در خرابات می‌گشتی و با مطربان می‌نشست و شراب می‌خورد و عرض خود را صیانت نمی‌کرد و اینک ثمامه را از این حال معلوم است. و روی به من آورد و از من گواهی می‌خواست. من سر فروکشیدم و به قلیل و کثیر و نیک و بد هیچ جواب ندادم و چون چند بار به من اشارت کرد و من هیچ جواب نگفتم اثر غضب در چهره او پدید آمد. روی از من بگردانید و من دانستم که مرا برنجاند و در حقّ من قصد کند. و غرض من از خاموش بودن دو چیز بود؛ یکی صیانت نفس را، و دیگر آنکه عبدالله خزاعی دوست من بود و صاحب واقعه شده بود؛ مروّت نبودی او را در آن سر وقت بد گفتن. چون از منبر فرود آمد، من دل بر جفا و ایذای فضل سهل بنهادم. یکی از دوستان به نزدیک من آمد و مرا گفت که بد کردی که وزیر را خجل کردی، و از تو گله کرد که مرا در روی مردمان تشویر زده کرد. ثمامه گفت: من گفتم که گله مرا از وزیر می‌باید کرد که او مرا فضیحت کرد. اگر من آن گواهی بدادمی، من نفس خود را اقرار کرده بودمی که او می‌گفت که عبدالله در خراباتها می‌گشت، و با مطربان می‌نشست. اگر من گفتمی که او را دیدم اقرار کرده بودمی که من در خرابات با وی بودم، پس نخست بدنامی مرا بودی و هیچ عاقل بدین گواهی رغبت نکند. چون آن دوست من بدین کلمه از من استماع کرد، برفت و با فضل سهل بازگفت. فضل سهل این عذر را بپسندید، و در حقّ من انعام و احسان فرمود و بدین یک لطیفه آتش غضب او تسکین یافت.

84

قابوسنامه

با دوست و دشمن گفتار آهسته دار و با آهستگی چرب‌گوی باش که چرب‌سخنی، دویم جادوئیست.

کشکول شیخ بهائی

پادشاهی شیفته کبوتربازی بود. وقتی با یکی از خدمتگزاران خویش در یکی از روستاهای مصر مسابقه گذاشت. پادشاه به وزیر خویش نوشت تا گزارش دهد که کدام کبوتر مسابقه را برده است. وزیر ناخوش داشت تا بنویسد که کبوتر خادم، در مسابقه پیش افتاده است، و نمی‌دانست که چگونه بنویسد؟ و نویسنده او گفت: بنویس؛ ای سروری که بخت تو بر دیگران پیروزست! پرنده تو پیش افتاد، امّا خدمتگزارش پیشاپیش او می‌آید. پادشاه را خوش آمد و دستور داد تا جایزه‌اش دهند.

Man giør ei godt jagthorn of en svinehale.

عدو شود سبب خیر اگر خدا خواهد

... یکی در فصل زمستان وارد دهی شد و به‌دنبال جا می‌گشت. مردم حاضر نبودند آدم غریبه را توی خانه‌هاشان راه بدهند، اما او ناامید نشد و وقتی توی کوچه‌ها می‌گشت دید مردم به خانه‌ای رفت و آمد زیادی دارند؛ از یکی پرسید: چه خبر است؟ طرف گفت: « سه روز است که در این خانه زنی درد زایمان دارد ولی نمی‌تواند بزاید. ما به‌دنبال دعانویسی می‌گردیم؛ اما از بخت بد این زن، دعانویس هم گیر نمی‌آید.» مرد غریبه وقتی این حرف را شنید فرصت را غنیمت دانست و گفت: «چرا می‌گردید؟ دعانویس را خدا برایتان رسانده است، من بلدم، هزار جور دعا میدانم!» اهل خانه وی را با عزت فراوان به خانه وارد کردند و خرش را در طویله گذاشتند و کاه و جو دادند، خودش را هم به اتاق بردند و زیر کرسی جا دادند، بعد قلم و کاغذ آوردند تا دعا بنویسد. غریبه کاغذ و قلم را گرفت و روی کاغذ نوشت «خودم بجا، خرم بجا، میخوای بزا، میخوای نزا» بعد گفت: «این کاغذ را توی آب بشویید و به زائو بدهید». از اتفاق روزگار؛ همین که کاغذ را شستند و آبش را به زائو دادند، زن زائید.

کلیله و دمنه

گفت آورده‌اند که بازرگانی بود بسیار مال امّا به‌غایت دشمن‌روی و گرانجان زنی داشت جوان.

روی چون حاصل نکوکاران
زلف چون نامه گنهکاران
غمزه مانند آرزوی مضّر
در کمین‌گاه طبع بیماران

شوی بر وی عاشق و او ازو نفور و گریزان به هیچ تأویل تمکین او روا نداشتی و ساعتی از عمر به‌مراد او نزیستی ... تا شبی دزدی در خانه ایشان رفت بازرگان در خواب بود زن از دزد بترسید و در کنار شوی رفت و او را محکم در کنار گرفت شوی بیدار شد و گفت این چه شفقت است و به‌کدام خدمت سزاوار این نعمت گشته‌ام چون دزد را دید گفت ای شیر مرد مبارك قدم آنچه خواهی از مال بردار حلال کردم که به‌یمن قدم تو این نعمت یافتم ...

Man kan vel forstaae halvgvaedet vise og halysvarede ord.

در خانه اگر کس است یك حرف بس است

اسب نجیب را یك تازیانه بس است

بس کنم خود زیرکان را این بس است
بانگ دو کردم اگـر در ده کس است
مولوی

* عبارت لاتین *[Verbum sat sapienti]* با مضمون «برای آدم هوشیار (چیز فهم) یك کلام کافی است» ریشه ضرب‌المثل می‌باشد.

مولانا مولوی می‌فرماید

حرف و گفت و صوت را بر هم زنم — تا که بـی این هر سه با تو دم زنم
گر چـه تفسیر زبان روشنگر است — لیك عشق بـی زبان روشنتر است

فیه ما فیه

این سخن برای آن‌کس است که او به سخن محتاج است که ادراك کند. امّا آن که بی سخن ادراك کند با وی چه حاجت سخن است؟ آخر، آسمانها و زمینها همه سخن است پیش آن‌کس که ادراك می‌کند، و زاییده از سخن است، که کُن فیکون. پس پیش آن که آواز پست را می‌شنود مشغله و بانگ چه حاجت باشد؟

Man må gøre en dyd af nødvendighed.

بمیر و بدم

امثال و حکم

طفلی را بشاگردی آهنگری بردند. استاد تمرین را نخست عمل دمیدن بوی محوّل کرد. طفل بسهولت و آسانی کار استخفاف میکرد. لیکن پس از زمانی کوتاه تعب (رنج کار) بر او راه یافت. از استاد پرسید: بنشینم و بدمم؟ استاد گفت: بنشین و بدم. باز ساعتی دیگر ماندگی بیشتر غلبه کرده گفت: به پهلو افتم و بدمم؟ استاد گفت: به پهلو افت و بدم. بار سوم سئوال کرد بخوابم و بدمم؟ استاد برآشفت و گفت: بمیر و بدم.

Man må hyle med de ulve man er i blandt.[34]

خواهی نشوی رسوا همرنگ جماعت شو

در میکده با رندان سرمست هدایت شو
خواهی نشوی رسوا همرنگ جماعت شو

امثال و حکم

گویند وقتی منجّمی خبر داد فلان روز بارانی بارد که هر کس قطره‌ای از آن نوشد دیوانه شود. پادشاه به وزیر امر داد انباری از آب کردند و در آن استوار ساختند، تا با آب باران نیامیزد. باران موعود بیامد و مردمان مملکت از آن بیاشامیدند و به جملگی دیوانه شدند، مگر پادشاه و وزیر که با آب ذخیره همچنان عاقل مانده و در اعمال و اقوال دیوانگان به حیرت و اسف (افسوس، اندوه) می‌دیدند. عاقبت شاه از مشاهده آن اوضاع به جان آمده به وزیر گفت: مرا بیش طاقت تحمّل نمانده است و نزدیك است تا خود را هلاك سازم. وزیر گفت: هلاك کردن خویش نمی‌باید، ما نیز چون آنان شویم و مشکلات کنونی از پیش برخیزد. گفت: چگونه چون آنان توان شد؟ گفت: از همان آب ما نیز می‌آشامیم. پادشاه رضا داد و چنین کردند و چون آن دو نیز دیوانه شدند، از رنج و تعب (سختی) پیشین بیاسودند.

لطائف‌الطوائف

از بعضی اعزّه استماع افتاد که در مجلس چنگیزخان گفتند که صیادی زنبوری را آموخته که کلنگ(درنا) صید می‌کند، چنگیز باحضار صیاد و زنبورش فرمان داد، چون حاضر شد کلنگی آوردند و پیش چنگیز سر دادند، کلنگ به جانب هوا پرواز کرد، صیاد یك بند نی از جیب خود برآورد و زنبوری از سوراخ نی بیرون کرد و از پی کلنگ سر داد، زنبور به سرعت هر چه تمامتر از پی کلنگ پرواز کرد و خود را بوی رسانید و به زخم نیش هر دو چشمش را کور کرد، کلنگ از هوا در افتاد، حاضران متعجب شدند و بر صیاد آفرین گفتند، چنگیز به فرمود تا زنبور را کشتند و دست صیاد را بریدند. حاضران از آن سیاست متعجب گشتند چه ظاهراً محل تربیت و عنایت بود. چنگیز گفت خُردی که بر بزرگی استیلا آرد سزای او کشتن است و کسی که خُردان را بر بزرگان دلیر کند و دست ایشان را قوی سازد سزای او دست بریدنست.

---

[34] نگاه کنید به:

Hvo der omgaaes med Ulv, han lgerer at tude.

Man skal ei skue given Hest i Munden.[35]

دندان اسب پیشکشی را نبینند

اسب پیشکشی به دندانش نگاه نکنند

* در مقدمه رساله‌ای که ارمیا *Jerome* مترجم انجیل از عبری و یونانی به لاتین، در سده پنجم میلادی
بر رساله *Epistle to Ephesians* نوشت، این مضمون را می‌خوانیم:

[*noli . . ut vulgare proverbium est, equi dentes inspicere donati*]

"همان‌گونه که ضرب‌المثل مشهور می‌گوید به دندان‌های اسب پیشکشی نگاه نکنید".

قابوسنامه

چنانکه از جمله حاجبان پدرم حاجبی بود، ویرا حاجب کامل گفتندی، پیر بود و از هشتاد در
گذشته. خواست که اسبی خرد؛ رایضی اسبی بیاورد فربه و نیکو رنگ و درست قوایم. اسب
را به بها پسندید و به بها فروداشت چون دندانش بدید اسب پیر بود نخرید. من او را گفتم: فلان
آن اسب را بخرید تو چرا نخریدی؟ گفت: او مردی جوانست و از رنج پیری خبر ندارد، اگر
به رنگ و منظر اسب غرّه شود معذورست من از رنج پیری و ضعف و آفت او خبر دارم،
اسب پیر خرم معذور نباشم.

---

[35] *Bóden sjelv bóden steg stynker.*

Man skal smede mens jernet er varmt.[36]

تا تنور گرم است باید نان بست

هوایی معتدل چون خوش نخندیم
تنوری گرم چون نان در نبندیم
حکیم نظامی

ای که دستت می‌رسد کاری بکن   پیش از آن کز تو نیاید هیچ کار

فیه مافیه

عزیزی در چلّه نشسته بود برای طلب مقصودی. به وی ندا آمد که: اینچنین مقصود بلند به
چلّه حاصل نشود. از چلّه برون آی تا نظر بزرگی بر تو افتد، آن مقصود تو را حاصل شود.
گفت: آن بزرگ را کجا یابم؟ گفت: در جامع. گفت: میان چندین خلق او را چون شناسم که
کدام است؟ گفتند: برو، او تو را بشناسد و بر تو نظر کند. نشان آنکه نظر او بر تو افتد آن باشد
که ابریق از دست تو بیفتد و بیهوش گردی، بدانی که او بر تو نظر کرده است. چنان کرد؛
ابریق پرآب کرد و جماعت مسجد را سقایی کرد و میان صفوف می‌گردید. ناگهانی، حالتی در
وی پدید آمد، شهقه‌ای بزد و ابریق از دست او افتاد، بیهوش در گوشه ماند. خلق جمله رفتند.
چون با خود آمد، خود را تنها دید. آن شاه که بر وی نظر انداخته بود آنجا ندید، اما به مقصود
خود برسید. خدای را مردانند که از غایت عظمت و غیرت حق روی ننمایند، اما طالبان را به
مقصودهای خطیر برسانند و موهبت کنند. اینچنین شاهان عظیم نادرند و نازنین.

* * *

سی پاره به کف در چله شدی؟   سی پاره منم، ترک چله کن

کلیله و دمنه

کلیله گفت آورده‌اند که زاهدی را پادشاه روزگار کسوتی فاخر و خلعتی گرانمایه داد دزدی آن
را بروی بدید طمع کرد و بوجه ارادت بنزدیک او رفت و گفت میخواهم در صحبت تو باشم و
آداب طریقت آموزم تا بدینطریق محرم شد و بروی زندگانی برفق ونرمی میکرد تا فرصتی
یافت و جامه ببرد چون زاهد جامه ندید دانست که او برده است در طلب او روی بشهر نهاد
در راه بردو نخجیر گذشت که جنگ میکردند و سرون (شاخ) یکدیگر را مجروح گردانیده
بودند و روباه بیامده بود و خون ایشان میخورد ...

---

[36] *Man skal bruge den Sol som nu skinner.*

91

Mange hug faelder egen.

اندك اندك خیلی شود و قطره قطره سیلی

ذرّه ذرّه پشم قالی می‌شود

مورچگان را چو فتد اتفّاق   شیر ژیان را بدرانند پوست

* عبارت لاتین*[multis ictibus deiicitur quercus]* با مضمون "بسیاری باد، درخت بلوط را می‌اندازد" ریشه ضرب‌المثل می‌باشد. *ERASMUS Adages I. viii*

شیخ اجل سعدی علیه‌الرحمه

اندك اندك خیلی شود و قطره قطره سیلی گردد، یعنی آنان که دست قوّت ندارند، سنگ خورده نگه دارند تا به وقت فرصت دمار از دماغ ظالم برآرند

وَقَطْرَ عَلی قَطْرِ اِذا تَّفَقَتْ نَهْرُ

وَ نَهْرُ عَلی نَهْر اِذَا اجْتَمَعَتْ، بَحْرُ

اندك اندك به‌هم شود بسیار

دانه دانه است غلّه در انبار

مرصادالعباد

بزرگان گفته‌اند: بر یك لقمه نان تا پخته شود سیصد و شصت کس کار می‌کنند از کارنده و درونده و درودگر و آهنگر و دیگر حرفتها، چون از آن یك لقمه طعمه ولیئی از اولیای حق گردد، آنجمله را حق‌تعالی بدان ولی بخشد و از آتش دوزخ آزاد کند. انشاءالله تعالی

Medens græsset gror, dǿer horsemoer.

بزك نمیر بهار میاد ـ کنبزه و خیار میاد (میاد مخفف می‌آید است)

تا فلان کار بشود دم شتر بزمین می‌آید

ز احمقی خواهد که بی‌رنجیش زود

بـی‌تجارت پر کند دامن ز سـود

مولوی

* عبارت لاتین میانه *[Dum gramen crescit, equus in moriendo quiescit]* با مضمون «وقتی علف بروید، اسب خود را روی آن به حالت مردن، درازکش می‌کند» ریشه ضرب‌المثل است.

شیخ اجل سعدی علیه‌الرحمه

ذوالنّون مصری پادشائی را گفت شنیده‌ام فلان عامل را که فرستاده‌ای به فلان ولایت، بر رعیت درازدستی می‌کند و ظلم روا می‌دارد. گفت روزی سزای او بدهم. گفت بلی روزی سزای او بدهی که مال از رعیت تمام ستده باشد، پس به زجر و مصادره از وی بازستانی و در خزینه نهی، درویش و رعیت را چه سود دارد؟ پادشاه خجل گشت و دفع مضرّت عامل بفرمود در حال.

سر گرگ باید هم اوّل برید　　　　نه چون گوسفندان مردم درید

Mennesket agter, men Gud skifter.

هر چه دلم خواست نه آن شد - هر چه خدا خواست همان شد

سر ما، تقدیر خدا

چون چنین خواهی خدا خواهد چنین
می‌دهد حقّ آرزوی متقین
مولوی

به نادان آنچنان روزی رساند   که صد دانا در آن حیران بماند
سعدی

فیه ما فیه

گویند معلّمی، از بینوایی، در فصل زمستان دراعه کتان یکتا پوشیده بود. مگر خرسی را سیل از کوهستان در ربوده بود، می‌گذرانید و سرش در آب پنهان. کودکان پشتش را دیدند و گفتند: استاد، اینك پوستینی در جوی افتاده است و تو را سرماست؛ آن را بگیر. استاد، از غایت احتیاج و سرما، درجست که پوستین را بگیرد. خرس، تیز، چنگال در وی زد، استاد در آب گرفتار خرس شد. کودکان بانگ می‌داشتند که: ای استاد! یا پوستین را بیاور، و اگر نمی‌توانی رها کن، تو بیا. گفت: من پوستین را رها می‌کنم، پوستین مرا رها نمی‌کند. شوق حق تو را کی گذارد؟ اینجا شکر است که به دست خویشتن نیستیم، به دست حقیم. همچنانکه طفل در کوچکی جز شیر و مادر را نمی‌داند، حق‌تعالی او را هیچ آنجا رها کرد؟ پیشتر آوردش به نان خوردن و بازی کردن، و همچنانش از آنجا کشانید تا به مقام عقل رسانید. و همچنین در این حالت که این طفلی است به نسبت به آن عالم و این پستانی دیگر است نگذارد و تو را به آنجا برساند که دانی که این طفلی بود و چیزی نبود.

صد هزاران حشر دیدی ای عنود   تاکنون هر لحظه از بدو وجود
از جمادی بی‌خبر سوی نما   وز نما سوی حیات و ابتلا
باز سوی عقل و تمییزات خوش   باز سوی خارج این پنج و شش
از مبدِّل هستی اوّل نماند   هستی دیگر به جای آن نشاند
چون دوم از اوّلینت بهتر است   پس فنا جوی و مبدّل را پرست
تا جنین بود آدمی، خونخوار بود   بودِ او را بود از خون تار و پود
از فطام خون غذایش شیر شد   وز فطام شیر شیر لقمه‌گیر شد

Nöd kommer gammel Kierling til at trave.

این دست را مباد بر آن دست احتیاج

خدا این چشم را به آن چشم محتاج نکند

آنچه شیران را کند روبه مزاج   احتیاج است احتیاج است احتیاج   **مولوی**

* جمله لاتین *[Necessitas non habet legem]* به معنی «احتیاج قانونی ندارد» ریشه ضرب‌المثل است.

شیخ اجل سعدی علیه‌الرحمه

یکی را از ملوك، کنیزکی چینی آوردند. خواست تا در حالت مستی با وی جمع آید، کنیزك ممانعت کرد. ملك در خشم رفت و مر او را به سیاهی بخشید که لب زبرینش از پرّه بینی در گذشته بود و زیرینش به گریبان فروهشته. هیکلی که صَخْرُ الجِنْ از طلعتش برمیدی و عَین القِطر از بغلش بگندیدی.

تو گوئی تا قیامت زشت‌روئی   بر او ختمست و بر یوسف نکوئی

چنانکه ظریفان گفته‌اند:

شخصی نه چنان کریه منظر   کز زشتی او خبر توان داد
آنگه بغلی نغوذ بالله   مردار به آفتاب مرداد

آورده‌اند که سیه را در آن مدّت نفس طالب بود و شهوت غالب. مهرش بجنبید و مُهرش برداشت. بامدادان که ملك کنیزك را جست و نیافت، حکایت بگفتند. خشم گرفت و فرمود تا سیاه را با کنیزك استوار ببندند و از بام جوسق به مغز خندق در اندازند. یکی از وزرای نیك محضر روی شفاعت بر زمین نهاد و گفت سیاه بیچاره را درین خطائی نیست که سایر بندگان و خدمتگاران به نوازش خداوندی متعوّدند. گفت اگر در مفاوضه او شبی تأخیر کردی چه شدی، که من او را افزون از قیمت کنیزك دلداری کردمی. گفت ای خداوند روی زمین نشنیده‌ای:

تشنه سوخته در چشمه روشن چو رسید   تو مپندار که از پیل دمان اندیشد
ملحد گرسنه در خانه خالی بر خوان   عقل باور نکند کز رمضان اندیشد

ملك را این لطیفه پسند آمد و گفت اکنون سیاه ترا بخشیدم، کنیزك را چه کنم؟ گفت کنیزك سیاه را بخش، که نیم خورده او، هم او را شاید.

هرگز آن را به دوستی مپسند   که رود جای ناپسندیده
تشنه را دل نخواهد آب زلال   نیم خورد دهان گندیده

Nok er en stor rigdom.

اندازه نگهدار که اندازه نکوست

اسب راه آنست کو نه فربه و نه لاغر است

آفتابی کز وی این عالم فروخت
اندکی گر بیش تابد جمله سوخت
مولوی

شیخ اجل سعدی علیه‌الرحمه

یکی گربه در خانه زال بود — که برگشته ایام و بد حال بود
روان شد به مهمانسرای امیر — غلامان سلطان زدندش به تیر
چکان خونش از استخوانش می‌دوید — همی گفت و از هول جان می‌دوید
اگر جستم از دست این تیرزن — من و موش و ویرانه پیرزن
نیرزد عسل جان من زخم نیش — قناعت نکوتر به دوشاب خویش
خداوند از آن بنده خرسند نیست — که راضی به قسم خداوند نیست

مجالس سبعه

"خیر الامور اوسطها" بهترین جواهر در میان قلاده بود تا اگر به کنارها آفتی رسد، آنچه خلاصه است، در میان سلامت بماند. ایشان گرد او همچون پاسبانان باشند و سینه در میان همچون خزینه‌ای.....

خسرو و شیرین

دو زیرك خوانده‌ام کاندر دیاری — رسیدند از قضا بر چشمه ساری
یکی کم خورد کاین جان می‌گزاید — یکی پرخورد کاین جان می‌فزاید
چو بر حدّ عدالت ره نبردند — ز محرومی و سیری هر دو مردند

قابوسنامه

اما ای پسر اندر کارها افراط مکن و افراط را شوم دان و اندر همه شغلی میانه باش که صاحب شریعت ما صلی‌الله علیه و سلم گفت: "خیر الأمور اوساطها". و در سخن گفتن و سخن گزاردن آهستگی عادت کن و اگر از گران سنگی و آهستگی نکوهیده گردی دوستردار از آنکه از سبکساری و شتاب‌زدگی ستوه گردی.

Nye koste feje bedst.

نو که آمد به بازار کهنه می‌شود دل آزار

کوزه نو آب خنك دارد

نوکر نو، تیز رو

ماهتاب نرخ کرباس را می‌شکند

گویند سردتر بود آب از سبوی نو   گرم است آب ما که کهن شد سبوی ما

منوچهری

زین‌الاخبار

... این روز را نوروز گویند، زیرا که سر سال باشد، و شب با روز برابر شود، و سایه‌ها از دیوارها بگذرد، و آفتاب از روزنها اوفتد. و رسم مغان اندر روزگار پادشاهی ایشان چنان بودی که خراجها اندرین روز افتتاح کردندی. و عجمیان چنین گویند: اندرین روز جمشید بر گوساله نشست و سوی جنوب رفت به حرب دیوان و سیاهان، و معنی زنگیان باشد. با ایشان کارزار کرد و همه را مقهور کرد.

تذکرة‌الاولیاء

نقل است که وقت بهار در خانه رفت و نیامد. خادمه گفت:ای سیده! بیرون آی تا آثار صنع بینی. رابعه[37] گفت: تو باری درآی، تا صانع بینی. شغلتنی مشاهدةالصانع عن مطالعة المصنوع.

---

[37] رابعه عدویه معروف به ام‌الخیر دختر اسماعیل بصری از زاهدان نامی سده دوّم هجری قمری است، گویند با حسن بصری معاصر بوده است. وفات او را به سال 135 هجری قمری نوشته‌اند. از زنان صوفیه در تاریخ صوفیه سخن بسیار رفته است. معمولا وقتی در روایات صوفیه از رجال قوم به تعبیر رجال‌اله و اهل‌اله سخن به میان می‌آید، چنانکه ابن عربی خاطر نشان می‌کند، احوال نساء قوم را نیز شامل می‌شود. در روایات صوفیه شمار زنانی که در طریقت صاحب مقامات بوده‌اند قابل ملاحظه است؛ از جمله در ضمن طبقات صوفیه نام یا وصف 16 تن در نفحات جامی 33 تن در طبقات شعرانی و 134 تن در صفه الصفوه آمده است. ابوعبدالرحمان سلمی مؤلف مشهورترین طبقات الصوفیه مجموعه‌ای جداگانه در باب طبقات زنان صوفی داشته است که نشانه‌هایی از آن را در منقولات صفه الصفوه و حلیه الاولیاء می‌توان یافت. برخی از آنها خواهران، دختران یا زنان بزرگان عهد خود بوده‌اند. از جمله خواهران بشر حافی، ام علی زوجه احمد خضرویه، حره دقاقیه دختر ابوعلی دقاق، ام محمد عمه شیخ عبدالقادر گیلانی. رابعه عدویه از زنان صوفیه است که بارها بر زهاد عصر اشکالات بجا گرفت. نقش رابعه عدویه در تحول تصوف از زهد مبنی بر خوف به عشق مبنی بر انس قابل ملاحظه است. گفت و شنود سفیان ثوری با ام حسان و گفت و شنود ذوالنون مصری با فاطمه نیشابوریه از همین مقوله است، از فاطمه بردعیه حتی شطحیات هم نقل شده است. در بین مولوی‌مشربان نیز نام شماری از زنان مذکور است. از جمله گوماج خاتون زوجه سلطان رکن‌الدین و گرجی خاتون زوجه معین-الدین پروانه از صوفیان عصر محسوب می‌شدند. زوجه امین‌الدین میکائیل نایب سلطان هم در بین عارفات قونیه شیخ النساء خوانده می‌شد و برای مولانا در خانه خود مجالس وعظ و سماع دایر می‌کرد. ابن عربی از عابدات عارفات با لحن تکریم یاد می-کند نگرش او به برخی زنان صوفیه همچون فاطمه بنت ابن المثنی، شمس ام الفقرا و ام الزهرا حاکی از تحسین و اعجاب است. وی در جایی خاطر نشان می‌کند که در سلوك طریقت بین مردان و زنان تفاوتی نیست و زن و مرد در جمیع مراتب ترقی حتی در نیل به مرتبه قطبیت با یکدیگر برابرند. لازم به ذکر است که این همانندی در آن ایام منحصر به طریقه تصوف نبوده است.

مولانا مولوی می‌فرماید

صوفئی در باغ از بهر گشاد — صوفیانه روی بر زانو نهاد
پس فرو رفت او به خود اندر نغول — شد ملول از صورت خوابش فضول
که: چه خسبی، آخر اندر رز نگر — این درختان بین و آثار و خضر
امر حق بشنو که گفتست: انظروا[38] — سوی این آثار رحمت آر رو
گفت: آثارش دل است ای بلهوس — آن برون آثار آثارست و بس
باغها و سبزه‌ها در عین جان — بر برون عکسش، چو در آب روان
آن، خیال باغ باشد اندر آب — که کند از لطف آب، آن اضطراب
باغها و میوه‌ها اندر دل است — عکس لطف آن بر این آب و گل است
گر نبودی عکس آن سرو سرور — پس نخواندی ایزدش دارالغرور[39]
این غرور آن است یعنی این خیال — هست از عکس دل و جان رجال
برگمانی کاین بود جنت کده — جمله مغروران بر این عکس آمده
یعنی او از اصل این رز، بوی بود — ای خنک آنرا که پیش از مرگ مرد[40]

---

38 اشاره به آیه: فَانظُرْ إِلَى آثَارِ رَحْمَةِالله كَيفَ يحْيى الأَرْضَ بَعْدَ مَوْتِهَا إِنَّ ذلِكَ لَمُحْيى الْمَوْتَى وَهُوَ عَلَى كُلِّ شَیءٍ قَدِيرٌ (الروم: آیه 50).
و اشاره به آیه: اعْلَمُوا أَنَّمَا الْحَياةُ الدُّنْيا لَعِبٌ وَلَهْوٌ وَزِينَةٌ وَتَفَاخُرٌ بَينَكُمْ وَتَكَاثُرٌ فِى الأَمْوَالِ وَالأَوْلاَدِ كَمَثَلِ غَيثٍ أَعْجَبَ الْكُفَّارَ نَبَاتُهُ ثُمَّ يهِيجُ فَتَرَاهُ مُصْفَراً ثُمَّ يكُونُ حُطَاماً وَفِى الآخِرَةِ عَذَابٌ شَدِيدٌ وَمَغْفِرَةٌ مِنَ‌الله وَرِضْوَانٌ وَمَا الْحَياةُ الدُّنْيا إِلَّا مَتَاعُ الْغُرُورِ (الحدید : آیه 20).
39 كُلُّ نَفْسٍ ذَائِقَةُ الْمَوْتِ وَإِنَّمَا تُوَفَّوْنَ أُجُورَكُمْ يوْمَ الْقِيامَةِ فَمَن زُحْزِحَ عَنِ النَّارِ وَأُدْخِلَ الْجَنَّةَ فَقَدْ فَازَ وَمَا الْحَياةُ الدُّنْيا إِلَّا مَتَاعُ الْغُرُورِ (آل عمران آیه 185).
40 اشاره به حدیث نبوی: موتوا قبل ان تموتوا بمیرید از آن پیش که میرانده شوید. اللؤلؤ المرصوع صفحه 94 برخی به اصالت نبوی بودن این حدیث شك می‌کنند.

Ofte er Ulvesind under Faareskind.

گرگ در لباس میش

مجمل فصیحی

... روزی طاهر (ذوالیمینین) پیش مأمون درآمد، مأمون شراب می‌خورد، او را دید و بسیاری بگریست، طاهر مذکور از موجب گریه پرسید، مأمون هیچ نگفت، طاهر بعضی از خواصّ مأمون را تقبلاّت (تقبّل = تعهّد) نمود که کیفیت گریه او را معلوم کنند، ایشان معلوم کردند. گفت هرگاه که طاهر در نظر من می‌آید، مرا از قتل برادرم محمّد امین[41] یاد می‌آید و بی‌تحمّل می‌شوم، این کرّت سرخوش بودم، خود را ضبط نتوانستم کرد، بدان واسطه گریستم. چون طاهر این معنی معلوم کرد انگیز آن کرد (تصمیم گرفت) که از درگاه دور شود، و بخراسان آمد و عاصی شد،

بیت:

سر تاجداران نبّرد کسی   که بی‌تاج و بی‌تخت ماند بسی

[41] محمّد امین (خلافت 193-198 هجری قمری) جانشین هارون‌الرشید و برادر مأمون (خلافت 198-218 هجری قمری) بود. محمّد امین به‌دست طاهربن حسین ذوالیمینین، سردار ایرانی مأمون، در سال 198 هجری قمری کشته شد.

Ord slår ikke någon ihjäl.

زبانم که نسوخت

حرف مرد یکیست تا حالا گفتم آری حالا میگویم نه

سخن گفتن اکنون نیاید به کار
گه جنگ و آویزش و کارزار
حکیم فردوسی

خروش رزم چو آواز زیر و بم نَبَود
حدیث کلك دگردان وکارتیغ دگر
مسعود سعد سلمان

شیخ اجل سعدی علیه‌الرحمه

پیش یکی از مشایخ گله کردم که فلان به فساد من گواهی داده است گفتا به صلاحش خجل کن.

تو نیکو روش باش، تا بدسگال — به نقص تو گفتن نیابد مجال
چو آهنگ بربط بود مستقیم — کی از دست مطرب خورد گوشمال؟

شیخ اجل سعدی علیه‌الرحمه

یکی از صاحبدلال زور آزمائی را دید بهم برآمده و کف بر بَردماغ انداخته. گفت این چه حالتست؟ گفتند فلان دشنام دادش.

گفت این فرومایه هزار من سنگ برمی‌دارد و طاقت سختی نمی‌آرد؟

لاف سرپنجگی و دعوی مردی بگذار — عاجزنفس فرومایه چه مردی چه زنی
گرت از دست برآید، دهنی شیرین کن — مردی آن‌نیست‌که مشتی بزنی بردهنی
اگر خود بردرد پیشانی پیل — نه مرداست آنکه دروی مردمی نیست
بنی آدم سرشت از خاك دارد — اگر خاکی نباشد، آدمی نیست

Pels ikke bjørnen før den er skudt.

پوست خرس نزده می‌فروشد

آهوی ناگرفته می‌بخشد

فرستاده گفت ای خداوند رخش   به دشت آهوی ناگرفته مبخش

فردوسی

* داستان اصلی ضرب‌المثل قصه‌ای به نام "دختر شیردوش و سطلش" است که یکی از افسانه‌های آسوپ می‌باشد: "از شیری که در این سطل است خامه‌ای فراهم ساخته و به کره تبدیلش خواهم کرد. کره را در بازار فروخته و با آن یک دوجین تخم‌مرغ خواهم خرید. تخم‌مرغ‌هائی که به مرغ بدل خواهند شد و هر کدام تخم‌مرغ‌هائی بوجود آورده، همه آنها به مرغ بدیل شده و بزودی صاحب یک مرغداری بزرگ می‌شوم. تعدادی از جوجه‌ها را به شهر برده و لباس زیبائی برای خود خریده پس از پوشیدن آن به بازار اصلی ده می‌روم، اگر جوانی که شیفته زیبائی من شده است تلاش کند که به من دست یازد، سرم را به سوی دیگر بر خواهم گرداند و بی اعتنا از کنارشان خواهم گذشت....." با گفتن جمله آخر سر را به تندی چرخانده و سطل شیر را به تندی بر زمین ریخت. مادرش از دور فریاد بر آورد: "جوجه‌هائی که از تخم بیرون نیامده‌اند را نشمار".

کشکول شیخ بهائی

مردی، مالی نزد دیگری به امانت نهاد و به حج رفت. چون بازگشت و مال خویش خواست. امانتدار انکار کرد. صاحب مال، به نزد قاضی ایاس رفت و شکایت به نزد او برد. قاضی گفت: این کار پنهان دار! آنگاه، امانتدار را خواست و او را گفت: مال شخص غایبی به نزد منست و من امانتداری تو بشنیده‌ام. خانه خویش محکم ساز و کسی مورد اعتماد بفرست تا آن مال بدانجا برد. آنگاه، صاحب مال را خواند و او را گفت: به نزد امانتدار رو و مال خویش طلب کن و او را بگوی که اگر امانت من باز پس ندهی، شکایت به قاضی برم. و چون به نزد او رفت، از بیم آنکه مالی که نزد قاضی‌ست از کفش برود، امانت او باز پس داد. آنگاه، قاضی را خبر داد و ایاس، از آن بخندید و گفت: ثروتت بر تو مبارک باد!

101

Pris en skön dag om aftenen.

جوجه را آخر پاییز می‌شمارند

مولانا مولوی می‌فرماید

آن یکی آمد به پیش زرگری
که ترازو ده که بر سنجم زری
گفت: خواجه کو مرا غلبیر نیست
گفت میزان ده! به این تسخر مایست
گفت: جاروبی ندارم در دکان
گفت بس بس این مضاحك را بمان
من ترازویی که می‌خواهم بده
خویشتن را کر مکن، هر سو مجه
گفت: بشنیدم سخن، کر نیستم
تا نه‌پنداری که بی معنیستم
این شنیدم لیك پیری مرتعش
دست لرزان جسم تو نامنتعش
وان زر تو هم قراضه خرد و مرد
دست لرزد پس بریزد زّر خرد
پس بگویی خواجه جارویی بیار
تا بجویم زر خود را در غبار
چون بروبی خاك را جمع‌آوری
گوییم غلبیر خواهم ای جری

Säg mig Hven du omgaaes med, og jeg skal sige dig Hvem du er.

همنشین و همره دانا گزین

اسب تازی در طویله گر ببندی پیش خر - رنگشان همگون نگردد طبعشان همگون شود

تو اوّل بگو با کیان دوستی   من آنگه بگویم که تو کیستی

شیخ اجل سعدی علیه‌الرحمه

گلی خوشبو در حمام روزی   رسیداز دست محبوبی به دستم
بدو گفتم که مشکی یا عبیری   که از بوی دلاویز تو مستم
بگفتا من گِلی ناچیز بودم   ولیکن مدّتی با گل نشستم
کمال همنشین در من اثر کرد   وگرنه من همان خاکم که هستم

Sätte alt på eet kort.

دار و ندارت را در یك جا به خطر نینداز

اسرارنامه

مگر مـی‌رفت اسـتـاد مهینـه   خری مـی‌بـرد بارش آبگینـه

یكی گفتش كه بس آهسته كاری   بدین آهستگی بر خر چه داری؟

چه دارم؟ گفت: دل پر پیچ دارم   كه گر خر مـی‌بیفتد هیـچ دارم

چو پی بر باد دارد عمر هیـچ است   ببین كین هیـچ را صد گونه پیچ است

چنین عمری كزو جان تو شادست   چو مرگ آید به جان تو كه بادست

شیخ اجل سعدی علیه‌الرحمه

خرقه‌پوشی در كاروان حجاز همراه ما بود. یكی از امرای عرب مر او را صد دینار بخشیده تا قربان كند. دزدان خفاجه ناگاه بر كاروان زدند و پاك ببردند و بازرگانان گریه و زاری كردن گرفتند و فریاد بی‌فایده خواندن.

گر تضرّع كنی و گر فریاد   دزد زر باز پس نخواهد داد

Smedens hest og skomagerens kone har altid de dårligaste sko.

کوزه‌گر از کوزه شکسته آب می‌خورد

پای شمع تاریک است

تیره‌روزی لازم طبع بلند افتاده است پای خود را چون تواند داشتن روشن چراغ

صائب

قابوسنامه

بدانکه من بروزگار امیر ابوالسوار آن سال که از حج اسلام بازآمدم، بغزا رفتم بگنجه، که غزای هندوستان خود بسیار کرده بودم خواستم که غزی روم نیز کرده شود. و ابوالسوار مردی بر جای وخردمند بود، و پادشاهی بزرگ و سایس و عادل و شجاع و فصیح ومتکلّم و پاکدین و پیش‌بین، چنانکه ملوك پسندیده باشند، و همه جّد بودی بی‌هزل. چون مرا بدید، بسیار حشمت کرد و با من در سخن آمد وز هر نوعی همی گفتم و همی پرسید و من همی شنودم و جواب همی دادم. وسخنهای من او را پسندیده آمد با من بسیار کرامتها کرد و نگذاشت که بازگردم. وز بس احسانها که همی کرد با من، من نیز دل بنهادم و چند سال بگنجه مقیم شدم. و پیوسته بطعام و شراب در مجلس او حاضر بودمی و از هرگونه سخنها از من همی پرسیدی از حال عالم و ملوك گذشته. تا روزی از ولایت ما سخن همی‌رفت و از حال ناحیت گرگان ازمن همی پرسید. من گفتم: بروستای گرگان اندر کوه دهیست و چشمه آب از ده دورست. زنان که آب آرند گروهی گرد آیند و هر کسی باسبویی و ازان چشمه آب بردارند و سبوی بر سر نهند و جمه بازگردند. یکی از ایشان بی‌سبوی از پیش ایشان همی‌آید و براه اندر همی نگرد؛ و کرمیست سبز اندر زمینهای آن ده، هر کجا که آن کرم همی یابد از راه یکسو همی افگند تا این زنان پای بران کرم ننهند. چه اگر کسی ازیشان پای بران کرم نهد و کرم زیر پای او بمیرد این آب که اندر سبوی بر سر دارد در وقت گنده شود صعب چنانکه بباید ریختن و باز باید گشتن و سبوی شستن و دیگر باره آب از چشمه برداشتن.

چون من این سخن بگفتم امیر ابوالسوار روی ترش کرد و سربگردانید و [چند روز] با من [نه] بران حال بود که پیش ازان بوده بود. تا پیروزان دیلم با من بگفت که: امیر گله تو کرد و گفت: فلان مردی برجایست چرا باید که [با] من سخن چنان گوید که با کودکان گویند، چون او مردی را پیش من دروغ چرا باید گفت؟ من در حال قاصدی را از گنجه بگرگان فرستادم و محضری فرمودم کردن بشهادت رئیس و قاضی و خطیب و جمله عدول و علما و اشراف گرگان که: این ده برجاست و حال این کرم برین جمله است. و بچهار ماه این درستی بیاوردم و محضر پیش امیر ابوالسوار نهادم و بدید و بخواند و تبسم کرد و گفت: من خود دانم که از چون تویی دروغ نیاید خاصه پیش چون منی؛ اما خود آن راست چه باید گفتن که چهار ماه روزگار باید و محضری بگوایی دویست معدل تا آن راست از تو قبول کنند؟

Söde Ord fylde kun lidt i sakken.

این حرفها برای فاطی تنبان نمی‌شود

به پلوپلو گفتن شکم سیر نمی‌شود

خر را سر بار می‌کشد جوان را ماشاءاله

شکسته بال‌تر از من میان مرغان نیست   دلم خوشست که نامم کبوتر حرم است

محتشم

آورده‌اند..."ثعلبی، از شعرای پایتخت منصور خلیفه بود. روزی قصیده‌ای بلند ساخت، به امید صله پیش خلیفه رفت و براو خواند و درجه قبول یافت. منصور گفت: کدام دوستتر داری! آنکه ترا سیصد دینار زر سرخ دهم یا سه کلمه آموزم که هر یکی به صد دینار سرخ برابر است. ثعلبی بنا بر خوش آمد گفت: حکمت باقی به از نعمت فانی! خلیفه گفت: کلمه اول آنکه چون جامه تو کهنه گردد کفش نومپوش که بد نماید. گفت: ای وای که صد دینارم بسوخت. منصور تبسمی کرده گفت: کلمه دوّم آنکه چون روغن در ریش خودسائی به زیر ریش مرسان که گریبان را چرب کند. گفت: دریغ که دویست دینار تباه شد. خلیفه باز تبسم کرده خواست که کلمه سوم را ادا کند، اما ثعلبی پیشدستی کرده و گفت، ای خلیفه روزگار به عزت پروردگار که حکمت سوم را ذخیره نگاه دار و صد دینار سوم را به من بده که برای من از حکمت شنیدن هزار مرتبه مفیدتر است. خلیفه سخت بخندید و گفت تا پانصد دینار زر سرخ وی را دهند."

امثال و حکم

دهقانی به حاکم از عامل شکایت برد. حاکم، عامل را نفرین می‌گفت. دهقان نومید راه درگرفت. حاکم گفت: کجا روی؟ گفت: نزد مادرم. چه او بهتر از تو نفرین می‌کند.

Som man reder till, saa ligger man.

اگر پرنیان است خود رشته‌ای ـ و گر بار خار است خود کشته‌ای

خودم کردم که لعنت برخودم باد

دودش به چشم خودت مـی‌رود

خودکرده را تدبیر نیست

انـگشت انگشت مبر تا خیك خیك نریزی

کپه با فعله است

با آنکه خداوند رحیم است و کریم است گنـدم نـدهد بـار چـو جـو میکـاری **مولوی**

دهقان سالخورده چه خوش گفت با پسر
کای نور چشم من بجز از کشته ندروی
سعدی

رازها را می‌کند حق آشکار چون بخواهد رست تخم بد مکار **مولوی**

امثال و حکم

نفط فروشی بشاگرد دکان می‌آموخت که گاه سنجش با فشردن بیله ترازو از فروشنده زیادت ستاند و بخریدار کم دهد. شاگرد او را از کیفر آن جهانی هراس میداد و او از گناه باز نمی‌ایستاد. تا آنگاه که مرد به امید سودی سفر دریا پیش گرفت و کشتی به خیك‌های نفط انباشته بود. طوفان برخاست. ناخدا به سبك کردن کشتی فرمان داد. بازارگان از بیم جان با دست خویش خیکها به آب می‌افکند. شاگرد مزید الم او را به طنز گفت: انگشت انگشت مبر تا خیك خیك نریزی.

لطائف‌الطوائف

مطربی ناخوش‌آواز در مجلسی به آهنگ دل‌خراش ناساز، این مصراع را به تکرار میخواند: هر چه عاشق کند ملامت نیست، اهل مجلس ازو به تنگ آمدند، ظریفی هزّال در آن مجلس حاضر بود، برخاست و بند ازار بگشاد و برو بول کرد، و سر تا پای او را بالتّمام بیالود و او آغاز دشنام و غوغا کرد، ظریف گفت مرا برین کار ملامت مکن که من با تو، هم به قول تو عمل کردم، که مکرّر میگفتی: هر چه عاشق کند ملامت نیست، والله که من بر دختر همسایه عاشقم، پس تو باید که مرا ملامت نکنی و معذورداری.

کشکول شیخ بهائی

یکی از سران کُرد بر سفره یکی از امیران، مهمان شد و برآن سفره، دو کبك بریان نهاده بود. کُرد، کبکها را نگریست و خندید. و چون امیر از سبب خنده‌اش پرسید، گفت: به روزگار جوانی بر سوداگری، راه زدم و چون خواستم که او را بکشم، زاری کرد. امّا زاری او بی‌فایده بود. مرد، چون مرا مصمّم به کشتن خویش دید، به دو کبك که در کوه بودند، روی آورد و گفت: برکُشتنِ من گواه باشید! و اکنون که این کبکها را دیدم، نادانی او به یادم آمد. امیر گفت: آن دو، شهادت خویش دادند، و فرمان داد تا گردنش زدند.

کلیات جامع‌المثیل

آورده‌اند که در بلاد گیلان مردی بود متموّل و مالی بی‌نهایت داشت که از ممّر نفت‌فروشی پیدا کرده بود و از حرص مال به غلام تعلیم می‌داد که در وقت خریدن نفت هر دو انگشت سبّابه را بر دو پیمانه گذار تا اندکی زیاد گرفته شود و در وقت فروختن به مردم انگشت را داخل پیمانه گردان تا اندکی کم داده شود. غلامی گفت ای خواجه این خیانت می‌شود و مال حرام می‌گردد و از شومی خیانت همه بیکبار به باد می‌رود در آن وقت افسوس سودی نکند و مال حرام را در دنیا وفا نکند و متوجه عذاب الهی شود و از کم و زیاد آن چه حاصل آید خواجه گفت ای غلام بی‌عقل از سر چیزهای اندك نباید گذشت که در مثلها گفته‌اند:

مصراع (قطره قطره جمع گردد وانگهی دریا شود.)

غلام پاك سرشت گفت این مثل را هم گفته‌اند (هر چه به زبان آمد به زیان آمد) و مال حرام جمع کردن همه به دریا می‌رود. خواجه گفت من مال به دریا نمی‌برم و دریا به خانه من نمی‌آید بیهوده مگو و به کار خویشتن مشغول باش تو را به این فضولی‌ها چه کار. غلام گفت آنچه حق بود گفتم خود دانی پس غلام به فرموده‌ی خواجه کار می‌کرد. چون از این قضیه مدّتی گذشت خواجه شنید که در هشدرخان نفت قیمت به تمام دارد. حرص او را بر این داشت که سفر دریا کند نفت بسیار قریب به هزار خیك خرید و به بالای کشتی برده و به غلام خود گفت اگر این بار برگردیم و به دیار خودآئیم دیگر به سوداگری احتیاج نخواهد شد باغ و ضیاع خریده آسوده گردیم. غلام گفت ای خواجه چرا نگفتی انشاءا... تعالی اگر خدا خواهد چنین خواهم کرد. القّصه چون به کشتی رفتند و به میان دریا رسیدند ناگاه باد عظیمی برخاست و طوفان به هم رسید و کشتی را به حرکت درآورد دل خواجه در سینه طپیدن گرفت و کشتی به تلاطم درآمد. ملاّحان گفتند ای خواجه جان عزیز است اگر خواهی به سلامت برآئی کشتی را سبك باید کرد شاید از خطر بیرون توانیم آمد خواجه از ترس جان با دست خود خیك‌های نفت را به دریا می‌انداخت امّا غلام فرصت یافت خواجه را نشانه ناوك تشنیع و ملامت ساخت و گفت ای خواجه (انگشت انگشت مبر تا خیك خیك نریزی). چون کشتی خالی گردید به حکم خداوند باد برطرف شد و کشتی بر قرار ایستاد. پس خواجه کشتی را از خیکهای نفت خالی دید پشت دست به دندان گزید و بر سر خود می‌زد. غلام گفت ای خواجه الحال افسوس و ندامت نفع ندهد ...

Som moderen er, så er datteren.[42]

نگاه به دست ننه کن، مثل ننه غربیله کن

نگاه به دست خاله کن، مثل خاله غربیله کن

نگفته به او از آنجا پا شو اینجا بنشین

رگ به ریشه می‌کشد

سو به سو می‌رود چغندر پی کونه

گفت و خوش گفت پیر برزیگر

آنچنان مادر، اینچنین دختر

عنصری

تو به پیغمبر چه می مانی بگو

شیر را بچه همی ماند بدو

مولوی

لطائف‌الطوائف

پسری و مادری هر دو ابله در صحرائی بر سر چاهی رسیدند که در قعر آن آب زلال بود، پسر در چاه فرو نگریست عکس خود را دید، فریاد بر کشید که ای مادر بیا و نظاره کن که در قعر این چاه مردی‌ست. مادر پهلوی پسر آمد و فرو نگریست گفت والله که با آن مرد قحبه‌یی نیز هست.

---

[42] نگاه کنید به:

Sønen slægter gjerne faderen på.

Sønen slægter gjerne faderen på.[43]

تره به تخمش می‌رود حسنی به بابا

نگفته به او از آنجا پا شو اینجا بنشین

رگ به ریشه می‌کشد

سو به سو می‌رود چغندر پی کونه

پسر کـو ندارد نشان از پـدر تو بیگانه خوانش مخوانش پسر
حکیم فردوسی

* عبارت لاتین *[Qualis pater talis filius]* به مفهوم "هر چه پدر باشد، پسر نیز هست" ریشه ضرب‌المثل می‌باشد.

کشکول شیخ بهائی

ابوالعینا گفت: پسر کوچك عبدالرحمن‌بن‌خاقان مرا شرمسار کرد. که او را گفتم: دوست دارم پسری همانند تو داشته باشم. گفت: این به دست تست. گفتم: چگونه؟گفت: مرا به خانه خویش بر!

لطائف‌الطوائف

ابوالعینا گفتست که هیچ کس مرا آن انفعال نداد که پسر خردسالی داد، و آن پسر خردسال عبدالحمن‌بن‌ابی‌الرّجاء بود، روزی او را بگفتم آیا پدر تو تو را به من می‌فروشد؟ که مثل تو پسرکی می‌خواهم، گفت فروختن من خود محالست اما اگر می‌خواهی پدر را پیش زن خود بر، تا برای تو مثل من پسری بکارد.

کشکول شیخ بهائی

بهرام گور فرزندی یگانه داشت. امّا او همّتی پست داشت، چنان که کنیزان و نوازندگان بر او چیره بودند و حتّی، به یکی از آن کنیزان مهر می‌ورزید. چون پادشاه، آگاه شد، کنیز را گفت به او بگوید که من خود را در اختیار عاشقی می‌گذارم که بلند همّت و بزرگوار باشد. و بدین سان فرزند بهرام شیوه پیشین را ترك کرد تا به پادشاهی رسید و از حیث اراده و دلیری بهترین پادشاهان شد.

---

[43] نگاه کنید به:
Som moderen er, så er datteren.

Stille vand har den dybe grunde.[44]

سگ لاینده گیرنده نباشد

از آن نترس که های و هو دارد ـ از آن بترس که سر به تو دارد

لطائف‌الطوائف

روزی بنائی (هروی) شاعر به درگاه امیر علیشیر آمد و بنشست، امیر از درون خرگاه آواز داد که در بیرون کیست؟ گفت: بنائی. گفت: خوش آمدی که ما کسی می‌خواستیم تا زمانی با او مسخرگی کنیم. بنائی گفت: ما نیز برای همین کار آمده‌ییم.

شیخ اجل سعدی الرحمه

هرمز را گفتند وزیران پدر را چه خطا دیدی که بند فرمودی؟ گفت خطایی معلوم نکردم، ولیکن دیدم که مهابت من در دل ایشان بیکرانست و بر عهد من اعتماد کلّی ندارند، ترسیدم از بیم گزند خویش آهنگ هلاك من کنند، پس قول حکما را کار بستم که گفته‌اند:

از آن کز تو ترسد، بترس ای حکیم — و گر با چنو صد برآیی بجنگ
از آن مار بر پای راعی زند — که ترسد سرش را بکوبد بسنگ
نبینی که چون گربه عاجز شود — برآرد بچنگال چشم پلنگ؟

---

[44] نگاه کنید به:

Det stille Vand Har den dybe grund.

Store ord gör själdent from gerning.

همی وعده دهی امروز و فردا ـ همین امروز و فردایت مرا کشت

اگر رفیق شفیقی، درست پیمان باش

الله الله ای جفا با ما مکن لطف کن، امروز را فردا مکن

مولوی

وعده را باید وفـا کردن تمـام
ور نخواهی کرد باشی سرد و خام

مولوی

جوامع‌الحکایات و لوامع‌الروایات

آورده‌اند که در ایام ماضی وزیری بود که که او را ملك خراسان به رأی او مفوّض بود، و در خدمت ملك آن عهد قربتی تمام داشت. و یکی از عادات او آن بود که هر که به خدمت او آمدی و حاجت خود را بر وی عرض کردی، او دست بر سینه نهادی و گفتی: کار من است، که تمام کنم و منّت بر خود نهم.

و چندان از این نوع بگفتی که او واثق شدی که این کار برآید. پس وزیر آن را فراموش کردی، و بدان التفات نکردی. آن وزیر را مسخره‌ای بود. روزی با وزیر در حمّام بود. مسخره در وی می‌نگرید و می‌خندید. وزیر خنده‌ی او را مدافعت می کرد (ندیده می‌گرفت). مسخره گفت: مرا عجب می‌آید که خداوند، سبحانه و تعالی، بر بندگان خود پنج نماز فرض کرده است، و من پنج نماز کنم، و باشد که در بعضی تقصیر رود. و سر زانوی من به سبب سجود کردن ریش شده است و شوخ بسته و خداوند (مقصود وزیر است)، به جهت کار مردمان، روزی هزار بار دست بر سینه زند و یکی از آن به تمام نرساند، و هیچ نشانه بر سینه مبارك او پدید نیامده است!.....

Syn gaaer altid for sagn.

شنیدن کی بود مانند دیدن

مکن باور سخنهای شنیده ـ شنیدن کی بود مانند دیده

آنچه یك دیدن كند ادراك آن
سالها نتوان نمودن با بیان
مولوی

امثال و حكم

مردی در وقتی خاصّ از زنی پرسید نامت چیست گفت وسیعه بانو. گفت ابله مردا كه منم، می‌بینم و می‌پرسم.

لطائف‌الطوائف

شخصی نزد طبیب رفت و گفت كه شكم من به غایت درد میكند و بی‌طاقتم آن را علاجی كن، گفت امروز چه خورده‌یی؟ گفت نان سوخته بسیار خورده‌ام، طبیب غلام را گفت حقّه داروی چشم را بیار تا جوهر دارویی در چشم او كشم مریض گفت ای مولانا من درد شكم دارم داروی چشم را چكنم؟ گفت اگر چشمت روشن بودی نان سوخته نخوردی.

113

Tid, ebbe og flod venter ikke på nogen.[45]

زمان به خاطر کسی از گردش نمی‌ایستد

فرصت غنیمت است نباید ز دست داد

وقت را غنیمت دان آنقدر که بتوانی   حاصل‌ازحیات‌ای‌دل‌یک‌دم‌است‌تادانی

خواجه حافظ

* در سده های پیشین که از پدیده جزر و مد آب در گاهشماری استفاده می‌شد، واژه *mare* (جزر و مد) مفهوم زمان را نیز در خود داشت. این ضرب‌المثل از جمله ضرب‌المثل‌های مربوط به ادبیات دریانوردی است که به زبان‌های اروپایی از جمله زبان دانمارکی راه یافته است. این ضرب‌المثل در سایر زبان‌های اروپایی از جمله زبان انگلیسی با همین مضمون به‌کار می‌رود؛ چنانکه رابرت ساوثول شاعر سده شانزدهم میلادی در شعری در حوزه ادبیات دریانوردی سروده است:

Hoist up saile while gale doth last,
Tide and wind stay no man's pleasure.
Robert Southwell: St. Peter's Complaint

و مارك تواين این ضرب‌المثل را اینگونه به‌کار برده است:

Time and tide wait for no man. A pompous and self-satisfied proverb, and was true for a billion years; but in our day of electric wires and water-ballast we turn it around: Man waits not for time nor tide.

سیرالملوك

مأمون روزی به مظالم نشسته بود. قصّه‌ای بدو برداشتند در حاجتی. مأمون آن قصه مر فضل بن سهل را داد که وزیرش بود. گفت: حاجت این مرد رواکن بزودی که این چرخ تیزگرد، تیزتر از آن است که بر یك حال بماند و این گیتی زودسیرتر از آن است که مر هیچ دوست را وفا کند. و امروز می‌توانیم نیکویی کردن، باشد که فردا روزی باشد که اگر خواهیم که با کسی نیکویی کنیم، نتوانیم کردن از عاجزی.

45 *Tiden bier efter ingen Mand.*

Tid er penger.

وقت طلاست

گر وقت رود ز دستت آسان
با هیچ گهری خرید نتوان

نزاری

سعدیا دی رفت و فردا همچنان معلوم نیست   در میان این و آن فرصت شمـار امروز را

سعدی

* عبارت یونانی [τὸ πολυτελέστατον . . ἀνάλωμα, τὸν χοόνον,] با مضمون "گرانترین هزینه زمان
است" ریشه ضرب‌المثل می‌باشد که به Antiphon منسوب است.

کلیله و دمنه

گویند بازرگانی بود و جواهر بسیار داشت مردی را بصد دینار مزدور گرفت از برای سفته
کردن آن. مزدور چندانکه در خانه بازرگان بنشست چنگی دید بهتر سوی آن بنگریست
بازرگان پرسید که دانی زدن گفت دانم و در آن مهارتی داشت بازرگان در آن نشاط مشغول
شد و سفط جواهر گشاده بگذاشت چون روز بآخر رسید مزدور اجرت خواست هر چند
بازرگان گفت جواهر برقرار است کار ناکرده را نشاید مزد مفید نیامد و مزدور در لجاج آمد
گفت مزدور تو بودم آنچه فرمودی کردم تاآخر روز بازرگان بضرورت از عهده مقرّر بیرون
آمد و متحیر بماند روزگار ضایع و مال هدر و جواهر پریشان و مؤنت باقی ...

To Hauer due ikke paa een Medding.[46]

بود هم پیشه با هم پیشه دشمن

همکار همکار را نمی‌تواند دید، بیکار هر دو را

به نزد خدای جهان روشن است
که همکار، همکار را دشمن است

کشکول شیخ بهائی

حسن بن سهل به مأمون گفت: در لذّات دنیا نگریستم و همه آن‌ها را اندوهبار دیدم، جز هفت چیز را: نان گندم و گوشت گوسفند و آب سرد و جامه پربها وبوی خوش و بستر خواب و نگریستن و به هر چیز زیبا.

مأمون گفت: پس سخن گفتن با مردان چه؟

گفت: آری. آن نخستین آن‌هاست.

---

[46] *To Haner due ikke paa een Mog- dynge.*

Tomme Tønder buldre mest.

مثل طبل تهی

در خم خالی صدا زیادتر پیچد

دهل را کاندرون زندان باد است
بهگردون میرسد فریادش از پوست
سعدی

کلیله و دمنه

گفت آوردهاند که روباهی در بیشه رفت آنجا طبلی دید در پهلوی درختی افکنده و هرگاه بادی بجستی شاخ درخت بر طبل رسیدی آوازی سهمناک بگوش روباه آمدی چون روباه ضخامت جثّه بدید و مهابت آواز بشنید طمع دربست که گوشت و پوست او فراخور آواز باشد میکوشید تا آنرا بدرید الحق جز پوستی بیشتر نیافت مرکب ندامت را در جولان کشید و گفت ندانستم که هر کجا جثّه ضخمتر (کلفتتر) و آواز هائلتر، منفعت آن کمتر و این مثل بدان آوردم تا رای ملک را روشن شود که بدین آواز منقّسم (پراکنده) خاطر نمیباید بود ...

مجالس سبعه

شاخی را که میوه بسیار باشد، آن میوه او را فرو کند، و آن شاخ را که میوه نباشد سر بالا دارد.

Veien til helvete er brolagt med gode forsetter.

عمل کردن مهمتر از داشتن نیت است

زهد با نیت پاك است نه با جامه پاك (ای بس آلوده که پاکیزه ردائی دارد)

تو ظاهر خود به جامه آراسته‌ای   دل‌های پلید و جامه پاك چه سود

ابوسعید ابوالخیر

* عبـارت [*L' enfer est plein de bonnes volonte's ou de'sirs*] به‌مفهوم "جهنم پر است از نیات یا
تمنیات خوب" که به برنارد مقدس منتسب می‌باشد ریشه ضرب‌المثل است و منظور این است که فقط
نیت خوب شرط نیست بلکه انجام کار نیک است که انسان را به سوی بهشت موعود رهنمون می‌سازد.

St. Francis De Sales Letter LXXIV

شیخ اجل سعدی علیه‌الرحمه
... پادشاهی را مهمّی پیش آمد، گفت اگر این حالت به مراد من برآید، چندین درم دهم زاهدان
را. چون حاجتش برآمد و تشویش خاطرش برفت، وفای نذرش به وجود شرط لازم آمد، یکی
را از بندگان خاص کیسه درم داد تا صرف کند بر زاهدان. گویند غلامی عاقل هشیار بود،
همه روز بگردید و شبانگه بازآمد و درمها بوسه داد و پیش ملك بنهاد و گفت زاهدان را
چندان که گردیدم نیافتم. گفت این چه حکایتست؟ آنچه من دانم، درین ملك چهارصد هزار
زاهدست. گفت ای خداوند جهان آنکه زاهدست نمی‌ستاند و آنکه می‌ستاند زاهد نیست.
ملك بخندید و ندیمان را گفت چندان که مرا در حقّ خداپرستان ارادتست و اقرار، مر این شوخ
دیده را عداوتست و انکار، حق به جانب اوست.

زاهد که درم گرفت و دینـار   زاهدتر ازو یکی به دست آر

Æblet falder ikke langt fra stammen.

از مار نزاید جز مار بچه

پدر پیشه تبر تیشه

* عبارت آلمانی [Der Apfel fellt nicht gerne weit vom Baume] به مفهوم «سیب چندان دور از درخت نمی‌افتد» ریشه ضرب‌المثل می‌باشد که به باور بسیاری از اصطلاح‌شناسان ترجمه عبارتی از زبان‌های فارسی و یا عربی است.

بهارستان

به پسر معلّمی گفتند: چه احمقی. گفت: اگر احمق نبودم، حلال زاده نبودم.

قطعه

عیب مادر بود ار فرزندی   خلق و خویش نه به وفق پدر است

گوش استــر که درازست گـواست   کش نه اسب است پدر بلکه خر است

لطائف‌الطوائف

پسر معلّمی را گفتند چه بلا احمقی. گفت اگر احمق نبودمی ولدالزّنا بودمی، یعنی از چنان احمقی جز احمق پیدا نشود.

Ærlighed varer længst.

سر نادرستی‌ها درستی است

بار کج به منزل نمی‌رسد

همه راستی کن که از راستی

نیاید به کار اندرون کاستی

حکیم فردوسی

راست کـن اجزات را از راستان

سر مکش ای راست‌رو زان آستان

مولوی

جوامع‌الحکایات و لوامع‌الروایات

آورده‌اند که در روزگار ملوك عجم، یکی از مقربآن پادشاه جرمی کرده بود و پادشاه بر وی متغیر شده بود و در معرض تعذیب افتاده. روزی پادشاه با یکی از خوآص خود در باب این مجرم مفاوضت پیوست (گفتگو کرد). آن خاصگی با این مجرم بد بود، گفت: ای پادشاه، این جرم که او کرده است اگر بنده بودی او را سیاست کردی. ملك چون این بشنید، گفت: اکنون تو نیستی و منم. کردار من بر خلاف کردار تو باید باشد. آن مجرم را عفو کرد و بنواخت. و همه ملوك عجم این سخن را بپسندیدند و بر دفاتر ثبت کردند ...

* * *

اگر خواهی از هر دو سر آبروی همه راستی کن همه راست گوی **حکیم فردوسی**

Notat

Notat

منابع فارسی

PERSISKE KILDER

اخبار خوارزم	ابوالریحان محمدبن احمد بیرونی	قرن 5 قمری
اخلاق الاشراف	خواجه نظام‌الدین عبید زاکانی	قرن 8 قمری
اخلاق محسنی	کمال‌الدین حسین کاشفی	قرن 9 قمری
اسرار التوحید فی مقامات الشیخ ابی سعید	محمد بن منور بن ابی سعید بن ابی طاهر بن ابی سعید بن ابی الخیر مهنوی	قرن 6 قمری
اسرارنامه	محمد بن ابی بکر فریدالدین عطار نیشابوری	قرن 6 قمری
اشعار برگزیده صائب	میرزا محمّدعلی صائب تبریزی	قرن 11 قمری
المزهر فی علوم اللغة وانواعها	جلال الدین ابوالفضل عبدالرحمن بن ابی بکر بن محمد ابن سابق الدین خضیری سیوطی	قرن 10 قمری
الهی‌نامه	محمد بن ابی بکر فریدالدین عطار نیشابوری	قرن 6 قمری
امثال	ناشناس	قرن 13 قمری
امثال و حکم	علامه علی اکبر خان دهخدا	معاصر
بستان السیاحه	ملا حاج زین‌العابدین شیروانی	قرن 13 قمری
بوستان	شیخ مصلح‌الدین سعدی شیرازی	قرن 7 قمری
بهارستان	ملا نور الدین عبدالرحمن بن احمد جامی	قرن 9 قمری
تاج‌العروس	محب الدین الی فیض محمدمرتضی الحسینی الواسطی الزبیدی المتقی	قرن 12 قمری
تاریخ بیهق	ابوالحسن علی بن ابوالقاسم بن محمد بیهقی	قرن 6 قمری
تاریخ بیهقی/ تاریخ مسعودی	ابوالفضل محمد بن حسین کاتب بیهقی	قرن 5 قمری
تاریخ تمدن اسلام	جرجی زیدان، ترجمه علی جواهر کلام.	معاصر
تاریخ طبرستان و رویان و مازندران	سید ظهیرالدین بن نصیر الدین مرعشی	قرن 9 قمری
تاریخ مغول	اقبال آشتیانی	معاصر
تاریخ نگارستان	قاضی احمد بن محمد غفاری کاشانی	قرن 10 قمری
تذکرة الاولیاء	محمد بن ابی بکر فریدالدین عطار نیشابوری	قرن 6 قمری
تذکره محمّد شاهی	بهمن میرزا ابن عباس میرزا	قرن 13 قمری

125

تفسیر بزرگ	امام محمد بن جریر طبری	قرن 4 قمری
ترجمان‌البلاغه (نسخه فارسی)	محمد بن عمر رادویانی	قرن 5 قمری
جامع‌التمثیل / جامع‌التماثیل	محمدعلی هبله‌رودی	قرن 11هجری
جوامع‌الحکایات و لوامع‌الروایات	سدیدالدین (نورالدین) محمد عوفی بخاری	قرن 7 قمری
چهار مقاله/ مجمع النوادر	نظام‌الدین علی نظامی عروضی سمرقندی	قرن 6 قمری
حدیقة‌الحقیقة	ابوالمجد مجدود بن آدم سنایی غزنوی	قرن 6 قمری
خسرو و شیرین	جمال‌الدین ابو محمد نظامی گنجوی	قرن 6 قمری
داستان‌نامه بهمنیاری	فریدون بهمنیار	معاصر
داستان‌های امثال و حکم فارسی	علی‌اکبر فرزند علی نواده قائم‌مقام فراهانی	قرن 13 قمری
دیوان اعتصامی	پروین اعتصامی	معاصر
دیوان امیر خسرو	حکیم ابوالحسن یَمین‌الدین بن سیف‌الدین محمود معروف به امیر خسرو دهلوی	قرن 7 قمری
دیوان اوحدی	رکن‌الدین اوحدی مراغه‌ای	قرن 8 قمری
دیوان حافظ	خواجه شمس‌الدین حافظ شیرازی	قرن 8 قمری
دیوان عنصری	ابوالقاسم حسن بن احمد عنصری بلخی	قرن 4 قمری
دیوان محتشم	محتشم کاشانی	قرن 10 قمری
دیوان مسعود سعد سلمان	مسعود سعد سلمان	قرن 5 قمری
دیوان معزّی	امیرابوعبدالله محمد مُعِزّی نیشابوری	قرن 5 قمری
دیوان مفتون	سید میراقا معروف به مفتون همدانی	قرن 14 قمری
دیوان منوچهری	ابوالنّجم احمَدبن قوص‌بن احمد منوچهری دامغانی	قرن 5 قمری
دیوان نزاری	حکیم سعد الدین بن شمس الدین بن محمد نزاری بیرجندی قهستانی	قرن 7 قمری
رباعیات خیام	غیاث‌الدین ابوالفتح عُمَر بن ابراهیم خَیام نیشابوری	قرن 5 قمری
ریشه‌های تاریخی امثال و حکم	مهدی پرتوی آملی	معاصر
زین‌الاخبار	ابوسعید عبدالحی بن محمود گردیزی غزنوی	قرن 5 قمری

روضه‌الانوار	خواجوی کرمانی	قرن 9 قمری
سفرنامه	ابو معین ناصر بن خسرو القبادیانی المروزی	قرن 5 قمری
سلسلةالذهّب	ملا نورالدین عبدالرحمن بن احمد جامی	قرن 9 قمری
سیاستنامه/سیرالملوک/پنجاه فصل	قوام‌الدین ابوعلی حسن بن علی بن اسحق طوسی - خواجه نظام الملک -	قرن 5 قمری
شاهد صادق (دانشنامه بزرگ شاهد صادق)	محمدصادق پسر محمدصالح صادقی اصفهانی	قرن 11هجری
شاهنامه	حکیم ابوالقاسم فردوسی توسی	قرن 4 قمری
فارسنامه ناصری	حاج میرزا حسن شیرازی فسایی	قرن 13هجری
فرائدالسلوك فی فضائل‌الملوك	اسحق بن ابراهیم بن ابوالرشید - به نظر سعید نفیسی -	قرن 7 قمری
فرهنگ امثال و حکم انگلیسی و فارسی	علی اکبر عابدیان کاسگری	معاصر
فرهنگ معین	محمد معین	معاصر
فن نثر در ادب پارسی	حسین خطیبی	معاصر
فنون بلاغت و صناعات ادبی	جلال‌الدین همایی	معاصر
فیه ما فیه	مولانا جلال الدین محمد بلخی	قرن 7 قمری
قابوسنامه	عنصرالمعالی کیکاوس بن اسکندر بن شمس‌المعالی قابوس بن وشمگیر زیار دیلمی	قرن 5 قمری
قصص العلماء	محمد بن سلیمان تنکابنی	قرن 13 قمری
کتاب کوچه	احمد شاملو	معاصر
کشکول	شیخ محمد بن عزالدین حسین بهائی	قرن 11 قمری
کلیات جامع‌التمثیل	محمد علی هبله‌رودی	قرن 11 قمری
کلیله و دمنه	ترجمه به عربی: روزبه پوردادویه (ابن‌مقفع) ترجمه به فارسی: ابوالمعالی نصرالله بن عبدالحمید منشی در قرن 6 قمری	قرن 2 قمری
کنزالسالکین	خواجه عبدالله بن محمد انصاری هروی	قرن 5 قمری

گلستان	شیخ مصلح‌الدین سعدی شیرازی	قرن 7 قمری
لطایف‌الامثال و طرایف‌الاقوال	رشیدالدین وطواط	قرن 6 قمری
لطائف‌الطوائف	فخرالدین علی بن کمال‌الدین واعظ کاشفی	قرن 10 قمری
لیلی و مجنون	جمال‌الدین ابو محمد نظامی گنجوی	قرن 6 قمری
مثنوی	مولانا جلال الدین محمد بلخی	قرن 7 قمری
مجالس سبعه/ هفت خطابه	مولانا جلال الدین محمد بلخی	قرن 7 قمری
مجمع‌الامثال	ابراهیم خالص بوزروفجه‌ای رومی	قرن 12هجری
مجمع‌الامثال / جامع‌الامثال	ابوالفضل احمد بن محمد نیشابوری معروف به میدانی	قرن 5 قمری
مجمع‌الامثال	محمدعلی هبله‌رودی	قرن 11هجری
مجمع‌الامثال (یا امثال)	میرزا محمد طاهر	قرن 11هجری
مجمل فصیحی	احمد بن جلال‌الدین محمد (فصیح خوافی)	قرن 9 قمری
مخزن‌الاسرار	جمال‌الدین ابو محمد نظامی گنجوی	قرن 6 قمری
مرصاد العباد	نجم‌الدین ابو بکر عبدالله بن محمد بن شاهاور اسدی رازی ـ نجم‌الدین دایه ـ	قرن 7 قمری
مشتی از خروار	محمد دبیرسیاقی	معاصر
مصیبت‌نامه	محمد بن ابی بکر فریدالدین عطار نیشابوری	قرن 6 قمری
مقامات حمیدی	ابو بکر حمیدالدین عمر بن محمود البلخی	قرن 6 قمری
منشآت قائم مقام فراهانی	میرزا ابوالقاسم قائم مقام فراهانی	قرن 13 قمری
منطق الطیر	محمد بن ابی بکر فریدالدین عطار نیشابوری	قرن 6 قمری
نفحات‌الانس من حضرات‌القدس	ملا نورالدین عبدالرحمن بن احمد جامی	قرن 9 قمری
نوادرالامثال	میرك محمد تاشکندی نقشبندی بغدادی	قرن 11هجری
ویس و رامین	فخرالدین اسعد گرگانی	قرن 5 قمری

منابع غیر فارسی

IKKE-PERSISKE KILDER

1. *A. J. Arberry Classical Persian Literature . Taylor & Francis (1995). ISBN 0203985435, 9780203985434.*
2. *Albert Kanlisi Awedoba (2000). An introduction to Kasena society and culture through their proverbs. University Press Of America.*
3. *Aleksa, Melita, T. Litovkina Anna, Hrisztova-Gotthardt, Hrisztalina (2009). The Reception of Anti-Proverbs in the German Language Area. Proceedings of the Second Interdisciplinary Colloquium on Proverbs, Soares, Rui, JB, Lauhakangas, Outi (ed). - Tavira, Portugal.*
4. *ARISTOTLE Nicomachean Ethics II. ix.*
5. *C. Thomas Gualtieri (2002). Brain Injury and Mental Retardation: Psychopharmacology and Neuropsychiatry. Lippincott Williams & Wilkins.*
6. *Charles Clay Doyle, Wolfgang Mieder, & Fred Shapiro (2012). The Dictionary of Modern Proverbs. New Haven: Yale University Press.*
7. *Crolla, R. and C. McKeating (2010). Europe's High Points: Getting to the top in 50 countries. Cicerone Press. ISBN 9781849652896. Retrieved 2014-04-18.*
8. *Dansk Skovforening (1926). Dansk Skovforenings Tidsskrift, Volume 11. the University of California. Digitized: 2009.*
9. *Ernst Dammann (1972). Die Religion in Afrikanischen Sprichwörter und Rätseln. Anthropos 67:36-48. Quotation in English, from summary at end of article.*
10. *Evan Bell. 2009. The wit and wisdom of the Tajiks: A analysis of Tajik proverbs. Graduate Institute of Applied Linguistics, MA thesis.*
11. *F. Allen, Maria (2012). The Routledge Portuguese Bilingual Dictionary: Portuguese-English and English-Portuguese. Routledge. p. 439. ISBN 0415434343.*
12. *Franck, Sebastian (1541). Sprichwörter, Schöne, Weise, Herrliche Clugreden, vnnd Hoffsprüch : Zusamen tragen in ettlich Tausent, Jnn lustig höflich Teutsch bekürtzt, Beschriben vnnd außgeleget. Franckenfurt am Meyn: Egenolff. (http://www.mdz-nbn-resolving.de/urn/resolver.pl?urn=urn:nbn:de:bvb:12-bsb10163853-2). Rrpt. ed. by Wolfgang Mieder. Hildesheim: Georg Olms, 1987.*
13. *Fransson, Ola (2009). Kunskapsbehov och nya kompetenser: professioner i förhandling. HAFTAD, Svenska, 2009. ISBN 9789173350136*
14. *Frellsen, Ulla (1995). Enhver er sin egen lykkes smed. ISBN 8798366610.*
15. *Gorg Mifsud-Chircop. 2001. Proverbiality and Worldview in Maltese and Arabic Proverbs. Proverbium: Yearbook of International Proverb Scholarship 18:247–55.*
16. *Gossler, Erika (2005): Besser arm dran als Bein ab. Anti-Sprichwörter und ihresgleichen. Wien. ISBN 3-7069-0162-5.*
17. *Henry David Thoreau, letter to Harrison Blake (16 November 1857).*
18. *Hofmann (2011). Hvorfor lugter mine egne prutter bedst. Politiken. ISBN 8740002322.*
19. *J. Christy Wilson, Jr.One hundred Afghan Persian proverbs Revised Edition edition (2002). Peshawar, Pakistan: InterLit Foundation. ASIN: B0074SYCEQ*
20. *Kaiser NC, Lee GJ, Lu PH, Mather MJ, Shapira J, Jimenez E, Thompson PM, Mendez MF (2013). What dementia reveals about proverb interpretation and its neuroanatomical correlates. Neuropsychologia, Elsevier Volume 51, Issue 9, August 2013, Pages 1726–1733.*
21. *Kelly, Walter Keating (1859). Reprint: Norwood Editions (1977), Proverbs of all nations. ISBN-10: 0848214854. ISBN-13: 978-0848214852.*
22. *Kiang, M., Light, G. A., Prugh, I. et al. (2007). Michael Kiang, et al, Cognitive, neurophysiological and functional correlates of proverb interpretation abnormalities in schizophrenia. Journal of the International Neuropsychological Society.13, 653–663.*
23. *Kimberly J. Lau, Peter Tokofsky, Stephen D. Winick, (eds.), (2004). What Goes Around Comes Around: The Circulation of Proverbs in Contemporary Life, Logan, Utah: Utah State University Press.ISBN 978-0-87421-592-2.*
24. *Kjær, Iver. & Holbek Bengt. (1969). Ordsprog i Danmark: 4000 ordsprog fra skrift og tale gennem 600 år. J. Paludan.*
25. *Larsen, Steen. (2009). Mørke. Books on Demand Gmbh. ISBN 8776914542.*
26. *Linda Tavernier-Almada (1999). Prejudice, power, and poverty in Haiti: a study of a nation's culture as seen through its proverbs. Masters Thesis University of California at Berkeley, 1996. Proverbium: Yearbook of International Proverb Scholarship .*

27. Litovkina, Anna T.(2011). "Where there's a will there's a lawyer's bill": Lawyers in Anglo-American anti-proverbs. Acta Juridica Hungarica 52.1: 82-96.
28. Litovkina, Anna T., Katalin Vargha, Péter Barta, Hrisztalina Hrisztova-Gotthardt (2007). Most frequent types of alteration in Anglo-American, German, French, Russian and Hungarian anti-proverbs. Acta Ethnographica Hungarica 52.1: 47-103.
29. Litovkina, Anna Tóthné and Wolfgang Mieder (2006). Old proverbs never die, they just diversify: a collection of anti-proverbs. Burlington: University of Vermont and Veszprém, Hungary: Pannonian University of Veszprém.
30. Lundin, Leigh (2011). "Wellerness". Wellerisms and Tom Swifties. Orlando: SleuthSayers.
31. Maati Kuusi (1967). Fatalistic Traits in Finnish Proverbs. Scripta Instititi Donneriani Aboensis; accessed through "http://ojs.abo.fi/index.php/scripta/article/view/733/924".
32. Martin H. Manser (2007). The Facts on File Dictionary of Proverbs (Facts on File Writer's Library).New York. An imprint of Infobase Publishing. ISBN- 10: 0-8160-6673-6. ISBN-13: 978-0-8160-6673-5.
33. Mieder, Wolfgang (2004). Proverbs: A Handbook. (Greenwood Folklore Handbooks). Greenwood Press. ISBN10: 0313326983. ISBN13: 9780313326981
34. Milică, Ioan (2013). Proverbes et anti-proverbes. Philologica Jassyensia. (Academia.ed; accesed through http://www.academia.edu/4641474/Proverbes_et_anti-proverbes).
35. Mrs. Mawr, E B (1885). Analogous Proverbs In Ten Languages (Reprint ed. 2005). Kessinger Publishing, LL.ISBN10: 9781417964673. ISBN13: 978-1417964673. ASIN: 1417964677.
36. Nielsson, Arne (1998). Viljen til sejr 2.0. ArtPeople. ISBN 8771084339.
37. Niemeyer, Larry L. (1982). Proverbs: tools for world view studies:an exploratory comparison of the Bemba of Zambia and the Shona of Zimbabwe. Portland S.University.
38. Paczolay, Gyula (2002). European proverbs: in 55 languages, with equivalents in Arabic, Persian, Sanskrit, Chinese and Japanese. DeProverbio.com, ISBN-10: 1875943447. ISBN-13: 978-1875943449.
39. Paul Hockings (1988). Counsel from the Ancients: A study of Badaga proverbs, prayers, omens and curses (Trends in Linguistics Documentation). Berlin: Mouton De Gruyter. ISBN-10: 0899254101. ISBN-13: 978-0899254104.
40. Porter, William Henry (1845). Proverbs: Arranged in Alphabetical Order .... Munroe and Company.
41. Reznikov, Andrey (2009). Old Wine in New Bottles. Modern Russian Anti-Proverbs. Proverbium Supplement Series, Volume 27. ISBN 978-0-9817122-1-5
42. Speake, Jennifer; Simpson, John Jr. (2003). The Oxford dictionary of proverbs. Oxford University Press. Origonal from: Indiana University. Digitized: 2009.
43. Strauss, Emanuel (1994). Dictionary of European proverbs (Volume 2 ed.). Routledge. ISBN 0415096243.
44. Strauss, Emanuel (1994). Dictionary of European Proverbs. I. Routledge. ISBN 978-1-134-86460-7.
45. Strauss, Emanuel (2013). Concise Dictionary of European Proverbs (Abbreviated ed.). Routledge. ASIN: B00B0YUDHA
46. Tadesse Jaleta Jirata (2009). A contextual study of the social functions of Guji-Oromo proverbs: The Savor and Rhetoric Power of Verbal Arts in Everyday Communications of African Peoples. Saabruecken: DVM Verlag. ISBN-10: 363916668X. ISBN-13: 978-3639166682.
47. Travel Denmark: Illustrated City Guide (2007). Phrasebook, and Maps. Mobi Travel Series. MobileReference.com. ISBN 9781605011370. Retrieved 2014-04-18.
48. Ulatowska, Hanna K., and Gloria S. Olness (1998). "Reflections on the Nature of Proverbs: Evidence from Aphasia."Proverbium 15 (1998), 329-346.
49. Valdeva, Tatiana (2003). Anti-proverbs or new proverbs: The use of English anti-proverbs and their stylistic analysis.Proverbium 20:379-390.
50. Walter Grauberg. (1989). Proverbs and idioms: Mmirrors of national experience? in Gregory James: Lexicographers and their works, ed. Exeter: University of Exeter.
51. Wikipedia contributors, "Denmark," Wikipedia, The Free Encyclopedia, (Accessed since June 14, 2012).

52. *Wolfgang Mieder and Barbara Mieder (1977). Journal of Popular Culture, 11:308-319.*
53. *Yamaguchi, Haruyasu; Yohko Maki, Tomoharu Yamaguchi (2008). Ambiguous idiom comprehension in Alzheimer's disease. A figurative proverb test for dementia: rapid detection of disinhibition, excuse and confabulation, causing discommunication. University of Milan-Bicocca, Milan: Journal of Clinical and Experimental Neuropsychology (Impact Factor: 2.16). 08/2008; 31(4):402-11. DOI: 10.1080/13803390802220019. Source: PubMed.*
54. *Ziyad Mohammad Gogazeh and Ahmad Husein Al-Afif (2007). Los proverbios árabes extraidos del Corán: recopilación, traducción, y estudio. Paremia 16: 129-138.*

Notat

Notat

نو که آمد به بازار کهنه می‌شود دل آزار 97

نیرزد عسل جان من از زخم نیش 70

هر آن کو دهد دل به چنگال دیو ـ نیابد بجز درد و داغ و غریو 65

هر چه دلم خواست نه آن شد ـ هر چه خدا خواست همان شد 94

هر درخشنده‌ای طلا نبود 34

هر کس معمار سرنوشت خویش است 52

هر کسی انگشت خود یک ره کند در زلفین 17

هر که با رسوا نشیند عاقبت رسوا شود 36

هر که خواب است حصه‌اش (یا ـ روزیش) در آب است 27

هر گردوئی گرد است امّا هر گردی گردو نیست 34

هر گلی رنگی و هر مرغ نوائی دارد 68

هر ملکی و هر رسمی 7

هزار دختر کور داشته باشد یک‌روزه شوهر می‌دهد 84

هزار وعده خوبان یکی وفا نکند 46

هم از شوربای قم ماند هم از حلیم کاشان 22

همکار همکار را نمی‌تواند دید، بیکار هر دو را 116

همنشین و همره دانا گزین 103

همی وعده دهی امروز و فردا ـ همین امروز و فردایت مرا کشت 112

همین را که زاییده‌ای بزرگ کن 44

هیچ کس از دل کسی خبر ندارد 30

وقت طلاست 115

یا زر یا زور یا زاری 14

یک سال بخورنان و تره، هر سال بخور نان و کره 54

یک سوزن به‌خودت بزن یک جوالدوز به‌دیگران 40

یک سوزن به‌خودت بزن یک درفش به‌دیگران 40

یا علی غرفش کن من هم به جهنم 60

یا مکن با پیل‌بانان دوستی ـ یا بنا کن خانه‌ای در خورد پیل 65

کاچی به از هیچی است ۱۰

کار خدا حساب و کتاب ندارد ۶۲

کارد دسته خود را نبرد ۲۵

کار زمین را ساختی، به آسمان پرداختی ۴۴

کبوتر با کبوتر باز با باز ۷۸

کپه با فعله است ۱۰۷

کر مصلحتی دوا ندارد ۷۵

کلاغ سر لانه خودش قارقار نمی‌کند ۳۳ و ۳۸

کل اگر طبیب بودی ـ سر خود دوا نمودی ۷۹

کوزه‌گر از کوزه شکسته آب می‌خورد ۱۰۵

کوزه نو آب خنک دارد ۹۷

گدا را که رو می‌دهی صاحبخانه می‌شود ۶۱

گرت سیل باید بر قطره شو ـ تو این نکته از عین حکمت شنو ۶

گرز به خورند پهلوان ۱۲

گرگ در لباس میش ۹۹

گز نکرده پاره مکن ۲۰

گنجشک بدست است به از باز پریده ۱۵

گوشت خر دندان سگ ۲۶

لقمه به اندازه دهانت بردار ۵۵

لیلی را به چشم مجنون باید دید ۶۸

مارگزیده از ریسمان سیاه و سفید می‌ترسد ۱۷

مال مرده عقب مرده می‌رود ۲۴

مال مرده وفا ندارد ۲۴

ماهتاب نرخ کرباس را می‌شکند ۹۷

مثل طبل تهی ۱۱۷

محبت در چشم است ۸۱

مرغ همه گیر، هیچ گیراست ۲۲

مژه به چشم زیادتی نکند ۱۶

مکن باور سخنهای شنیده ـ شنیدن کی بود مانند دیده ۱۱۳

مگر ناخن را میشود از گوشت جدا کرد ۱۶

نان را باید به نرخ روز خورد ۷

نان گندم شکم پولادین می‌خواهد ۵۳

ندید بدید وقتی که دید بخودش چید ۵۳

نگاه به دست خاله کن، مثل خاله غربیله کن ۱۰۹

نگاه به دست ننه کن، مثل ننه غربیله کن ۱۰۹

نگفته به او از آنجا پا شو اینجا بنشین ۱۰۹ و ۱۱۰

نوکر نو، تیز رو ۹۷

73	رفت بهترش کند بدتر شد
69	رفتم شهر کورها دیدم همه کور من هم کور
109 و 110	رگ به ریشه می‌کشد
84	زبان خوش مار را از سوراخ بیرون آورد
100	زبانم که نسوخت
114	زمان به خاطر کسی از گردش نمی‌ایستد
118	زهد با نیت پاک است نه با جامه پاک
38	سر بشکند در چارقد دست بشکند در آستین
94	سر ما، تقدیر خدا
120	سر نادرستی‌ها درستی است
76	سکوت موجب رضاست
25	سگ سگ را می‌خورد، استخوانش را دور نمی‌اندازد
67	سگ لاید و کاروان گذرد
28 و 111	سگ لاینده گیرنده نباشد
50	سگ نیز با قلاده زرین همان سگ است
83	سنگ سنگ را می‌شکند
14	سنگی را که نتوان برداشت باید بوسید و گذاشت
109 و 110	سو به سو می‌رود چغندر پی کونه
15	سیلی نقد به از حلوای نسیه
20	شاهنامه آخرش خوش است
70	شب شراب نیرزد به بامداد خمار
72	شتر را گم کرده پی‌افسارش می‌گردد
2	شروع خوب ختم بخیر می‌شود
113	شنیدن کی بود مانند دیدن
43	صد کار با خدا راست می‌آید، یکی با بنده نه
38	طشت کسی را از بام نینداز (طشت از بام افتادن کسی را)
17	عاقل دوبار فریب نمیخورد
86	عدو شود سبب خیر اگر خدا خواهد
8	عشق و مشک پنهان نمی‌ماند
70	عطایش را به لقایش بخشیدم
118	عمل کردن مهمتر از داشتن نیت است
59	عنقا را به دام نتوان گرفت
114	فرصت غنیمت است نباید ز دست داد
44	قاچ زین را بگیر نیفتی، اسب‌دوانی پیشکشت
2	قدم صحیح اوّل یعنی انجام نیمی از کار
6	قطره قطره جمع گردد وانگهی دریا شود
54	قناعت توانگر کند مرد را

تیغ کج را نیام کج باشد | 26

جوجه را آخر پاییز می‌شمارند | 102

جهان زیر شمشیر تیر اندر است | 9

چرب سخنی، دویم جادونیست | 84

چه به من گو چه به در گو چه به خرگو | 75

حرف مرد یکیست تا حالا گفتم آری حالا میگویم نه | 100

خانه‌ای را که دو کدبانوست، خاک تا زانوست | 77

خدا این چشم را به آن چشم محتاج نکند | 95

خدا درد را باندازه طاقت می‌دهد | 12

خدا سرما را بقدر بالاپوش می‌دهد | 12

خدا کریم است | 62

خر ار جل ز اطلس بپوشد خر است | 50

خربنده به خانه شتربان آید | 78

خر دیزه است مرگ خود را می‌خواهد برای زیان صاحبش | 60

خر را سر بار می‌کشد جوان را ماشاءاله | 106

خواهی نشوی رسوا همرنگ جماعت شو | 69 و 89

خوبی گم نشود | 45

خودکرده را تدبیر نیست | 107

خودم کردم که لعنت برخودم باد | 107

خیر در خانه صاحبش را می‌شناسد | 45

دار و ندارت را در یك جا به خطر نینداز | 104

در جهان پیل مست بسیار است | 31

در خانه اگر کس است یك حرف بس است | 87

در خم خالی صدا زیادتر پیچد | 117

درد هر کس در دل خودش است | 30

دزد چون شحنه شود امن کند عالم را | 47

دست بالای دست بسیار است | 31

دست را بدهی آستین را می‌خواهد | 61

دستی را که نمیتوان برید باید بوسید | 14

دندان اسب پیشکشی را نبینند | 90

دودش به چشم خودت مــی‌رود | 107

دوری و دوستی | 81

دوستی خاله خرسه | 73

دیرآمدن به خیر و سعادت بود به گاه | 11

دیر آی و شیر آی | 11

ذَرّه ذَرّه پشم قالی می‌شود | 92

رفت ابروش را درست کند چشمش را کور کرد | 73

26	الكلاب على البقر
96	اندازه نگهدار كه اندازه نكوست
92	اندك اندك خيلي شود و قطره قطره سيلي
51	انسان جايز الخطاست
107	انگشت انگشت مبر تا خيك خيك نريزي
106	اين حرفها براي فاطي تنبان نمي‌شود
95	اين دست را مباد بر آن دست احتياج
15	اين نقد بگير و دست از آن نسيه بدار
36	با بدان كم نشين كه درماني ـ خوپذير است نفس انساني
66	با پول سرسبيل شاه نقاره مي‌زنند
120	بار كج به منزل نمي‌رسد
22	با يك دست دو هندوانه برنتوان داشت
49	با يك گل بهار نشود
52	بدست من و تواست نيك اختري ـ اگر بد نجوئيم نيك اختريم
40	بر كس مپسند آنچه تو را نيست پسند
5	بزرگي به عقل است نه به سال
93	بزك نمير بهار مياد ـ كنبزه و خيار مياد
72	بعد خير تها تحتفظ
88	بمير و بدم
106	به پلوپلو گفتن شكم سير نمي‌شود
59	به دام و دانه نگيرند مرغ دانا را
116	بود هم پيشه با هم پيشه دشمن
66	بي‌مايه فطير است
22	بين دو پلاس بر زمين است
55	پا را به اندازه گليم دراز كن
55	پا ز حدّ خويشتن بيرون نمي‌بايد نهاد
64	پايان شب سيه سفيد است
55	پايت را به اندازه گليمت دراز كن
105	پاي شمع تاريك است
119	پدر پيشه تبر تيشه
101	پوست خرس نزده مي‌فروشد
29	پياز آدم هر جائي كونه نمي‌بندد
91	تا تنور گرم است بايد نان بست
93	تا فلان كار بشود دم شتر بزمين مي‌آيد
110	تره به تخمش مي‌رود حسني به بابا
33 و 38	تف سربالا به ريش برمي‌گردد
1	تكبّر عزازيل را خوار كرد

فهرست ضرب‌المثل‌های فارسی

ضرب‌المثل	صفحه
آب به آب می‌خورد، زور برمی‌دارد	57
آدم بی‌اولاد، پادشاه بی‌غم است	19
آدمیزاد شیر خام خورده است	51
آدم یکبار پایش به چاله می‌رود	17
آری به اتفاق جهان می‌توان گرفت	57
آشپز که دوتا شد، آش یا شور است یا بی‌مزه	77
آفتابه لگن شش دست شام و نهار هیچ چیز	43
آنچه به‌خود نپسندی به‌دیگران مپسند	40
آنکه بود شرم و حیا رهبرش ـ خلق ربایند کلاه از سرش	9
آهن آهن را از کوره کشد	83
آهن به آهن نرم شود	83
آهوی ناگرفته می‌بخشد	101
آواز سگان کم نکند رزق گدا را	67
از آب گل‌آلود ماهی گرفتن	71
از آن نترس که های و هو دارد ـ از آن بترس که سر به تو دارد	42 و 111
از این شاخ به آن شاخ پریدن عاقبت ندارد	29
از پی هر غمی است خرمئی	64
از چنگ دزد در آمد، به چنگ رمالّ افتاد	3
از درد لاعلاجی به خر می گویند خانباجی	14
از دل برود هرآنکه از دیده برفت	81
از دماغ فیل افتاده	1
از مار نزاید جز مار بچه	119
از میان بد و بدتر، بد را انتخاب کن تا از چاه به چاله نیفتی	3
از یك پرستو تابستان نشود	49
اسب پیشکشی به دندانش نگاه نکنند	90
اسب تازی در طویله گر ببندی پیش خر	103
اسب راه آنست کو نه فربه و نه لاغر است	96
اسب نجیب را یك تازیانه بس است	87
اگر پرنیان است خود رشته‌ای ـ و گر بار خار است خود کشته‌ای	107
اگر دانی که نان دادن ثوابست ـ خودت می‌خور که بغدادت خراب است	79
اگر دیده نبیند، دل نخواهد	81
اگر رفیق شفیقی، درست پیمان باش	112
الانسان محل السهو والنسیان	51
الخبیثات للخبیثین	26

ضرب‌المثل‌های

مشترک

دانمارکی-فارسی

صدف عابدیان کاسگری

www.ingramcontent.com/pod-product-compliance
Lightning Source LLC
Chambersburg PA
CBHW060312290526
45789CB00001B/490
9781500738266